毎朝、迷わない！

ユニクロ＆ツープライススーツの上手な使い方

服のコンサルタント協会代表
森井良行
Yoshiyuki Morii

WAVE出版

はじめに

私は今、パーソナルスタイリスト、そして一般社団法人「服のコンサルタント協会」代表理事として、個人はもちろん、数多くの企業にビジネスファッションの重要性に関して、指導、講演を行っております。

特にビジネスパーソンのみなさんには次のようにお話をします。

「服は言葉を使わないプレゼンテーションです」

そう。外見を整えることそのものがすでにビジネスの世界では一定の役割を果たしているのです。

今、あなたは何本のスーツを持っていますか？

どういったローテーションで着まわしていますか？
今朝のシャツの色は？
ネクタイは？
朝、どの服を着ようか迷ってはいませんか？

朝、着ていく服を迷う原因はセンスの問題ではありません。
服を選ぶ目的・基準が曖昧なことに原因があるのです。
この目的・基準さえ明確になれば、着ていく服で迷うことはなくなります。
相手にどう見られたいのか。
そのポイントをおさえることで服選びは劇的に変化します。
そして、それはいわゆるおしゃれということにつながっていくのです。

ただし、この本で解説されている内容はいわゆるアパレル業界的なおしゃれを学ぶものではありません。
アパレル業界で支持される「個性のおしゃれ」ではなく、一般社会で支持される「好印象のおしゃれ」を扱っています。

対人関係を良好にする「服のビジネススキル」になります。

クールビズ、カジュアルフライデーなど多様化したビジネスシーンに合う定番コーディネートを具体的に学ぶガイドを作成しました。


本書では、ユニクロとツープライススーツを中心にお金をかけずに簡単にできる着合わせを紹介しています。

この着合わせを本書で身につけていただければ、最短で、ビジネスシーンに限らず、おしゃれを手に入れることができるのは間違いありません。

毎朝、迷わない!
ユニクロ&ツープライススーツの上手な使い方

目次

第3章 ユニクロで魅せるオフィスカジュアル

第4章 クールビズはシンプルに着こなそう！

第5章 カジュアルフライデーで失敗しないアイテム選び

第1章

人に好かれるビジネスファッションのルール

好印象を得るスーツで信頼も得る!!

ビジネスファッションの基本ともいえるダークカラースーツ。差をつけるコツは、スーツ本体ではなく小物でつくる色のメリハリにあります。ダークカラースーツを暗いままで終わらせない、色のコントラストがもたらす印象の差は絶大です。

スーツ・シャツ（ユニクロ）、
ネクタイ
（THE SUIT COMPANY）、
靴・チーフ（著者私物）

「着合わせ」こそファッションの大原則

ビジネスにおいてスーツは商談における判断材料の一つです。良い商品だったとしても、人は会話の信用性を見極め「話し手の印象」でも判断します。

だから、営業成績を残す人は、スーツに気をつかうのです。

ただし、その目的はおしゃれではなく、最速でクライアントの信頼を得ることです。扱う商品、商材にふさわしいスタイルでなければどんな姿であっても信頼を得ることはできません。

そして、信頼を得るための服は値段やブランドでは決まりません。

たとえば、ネイビースーツ。スーツの基本ともいうべきこのタイプは次の2つの点に気をつけると、好印象になります。

・シャツ袖のチラ見せ
・胸元のポケットチーフ

全身を覆うビジネススーツはエレガントですがその反面、色が暗いため印象も暗くなってしまいます。

この場合、スーツ姿を明るく好印象に見せることがポイントです。

明るいシャツ生地を袖先からチラッと見せることで生まれるコントラスト。

これが、スーツを引き立てるスパイスになります。

同様の理由から、胸元に明るいポケットチーフを挿していきます。

自身のファッションが周囲にどう見えるのか。見え方の本質を理解すれば、予算をかけずに好印象の着こなしができるようになります。

これは「着合わせ」の視点です。食べ物同士の相性を診る「食べ合わせ」に似ています。つまり、**服のレシピである「着合わせ」を覚えれば、誰でも簡単に好印象を再現できるのです。**

あなたの周りに素敵な服装をした人はいませんか。

意外にもユニクロや3万円スーツを扱うツープライススーツ量販店で買っているという人が多いと思います。着合わせを理解している人は、スーツに高いお金をかけずとも好印象に見えるのです。

スーツ・ネクタイ（THE SUIT COMPANY）、
シャツ（ユニクロ）、チーフ・靴（著者私物）

スリーピーススーツの場合、ダークカラーの面積が増えるからこそチーフとシャツ袖のメリハリが大切です。

とにかく清潔感を演出せよ！

センスがなくても、好印象になれるのか。

答えはＹＥＳです。

そもそも、日本の義務教育では服のことは教えてくれません。もちろん制服をきちんと着る指導は受けましたし、家庭科で裁縫は習ったかもしれません。けれども服の着合わせや印象を高める価値について教わることはありませんでした。また、着合わせはセンスと誤解されがちですが、これは別物です。センスがいいからといって好印象になるとは限りません。着合わせが最適だからこそ印象が良くなるのです。

世の中には「明らかに好印象な人」と「服がわからない人」がいます。

着るべき服がわからないので当然、自分のファッションはビジネスでも普通と思っている人が多いと思います。

かつての私もそうでした。

しかし、人はNGなファッションをしている人にダメ出しをすることはよほどのことがない限りありません。あるのは「好印象」、もしくは「残念な印象」の2つ。普通という評価はあるようで実は存在していないのです。

もし、あなたが自分の服を普通だと思っているのであれば、今から行うチェックが大きな気づきを与えてくれるでしょう。

私の実体験もさることながら、私が指導した人が驚くほど変わり、自身の服のみならず、他人の服まで選べるようになった事例を数多く見てきました。その人たちは私同様、アパレル業界の経験もなく、ファッションの専門学校を出ているわけでもありません。

「服を鍛える」という事実に気づき、着合わせのレパートリーを増やしただけです。誰もがこの事実に気づいていないからこそ、周りと圧倒的な差をつけられるのです。

まずは、自身の現状を客観的に理解しましょう。

今から10の質問をします。すでにできているものには「〇」、1週間以内に改善できるものには「△」、現在の自分では解決策が見当たらないものには「×」をつけてみてください。

①家に姿見（全身を見る鏡）がある …… □
②シャツのシワ対策は万全といえる …… □
③肌着はクルーネックではなくVネックを選ぶ …… □
④ソックスは靴・パンツ、どちらかに色を合わせている …… □
⑤靴とベルトの色を揃えている …… □
⑥シャツ袖は1～1・5センチ程度ジャケットからのぞいている …… □
⑦スラックスの膝裏がテカっていない …… □
⑧ネクタイの剣先は直立のとき、ベルト位置におさまる …… □
⑨パンツ丈は短め。ただし、立っているときソックスが見えない程度 …… □
⑩シャツの襟裏が黄ばんでいない …… □

いかがでしたか。このチェックポイントは清潔感を演出するために欠かせないポイントとなります。まずは、このポイントをおさえていきましょう。

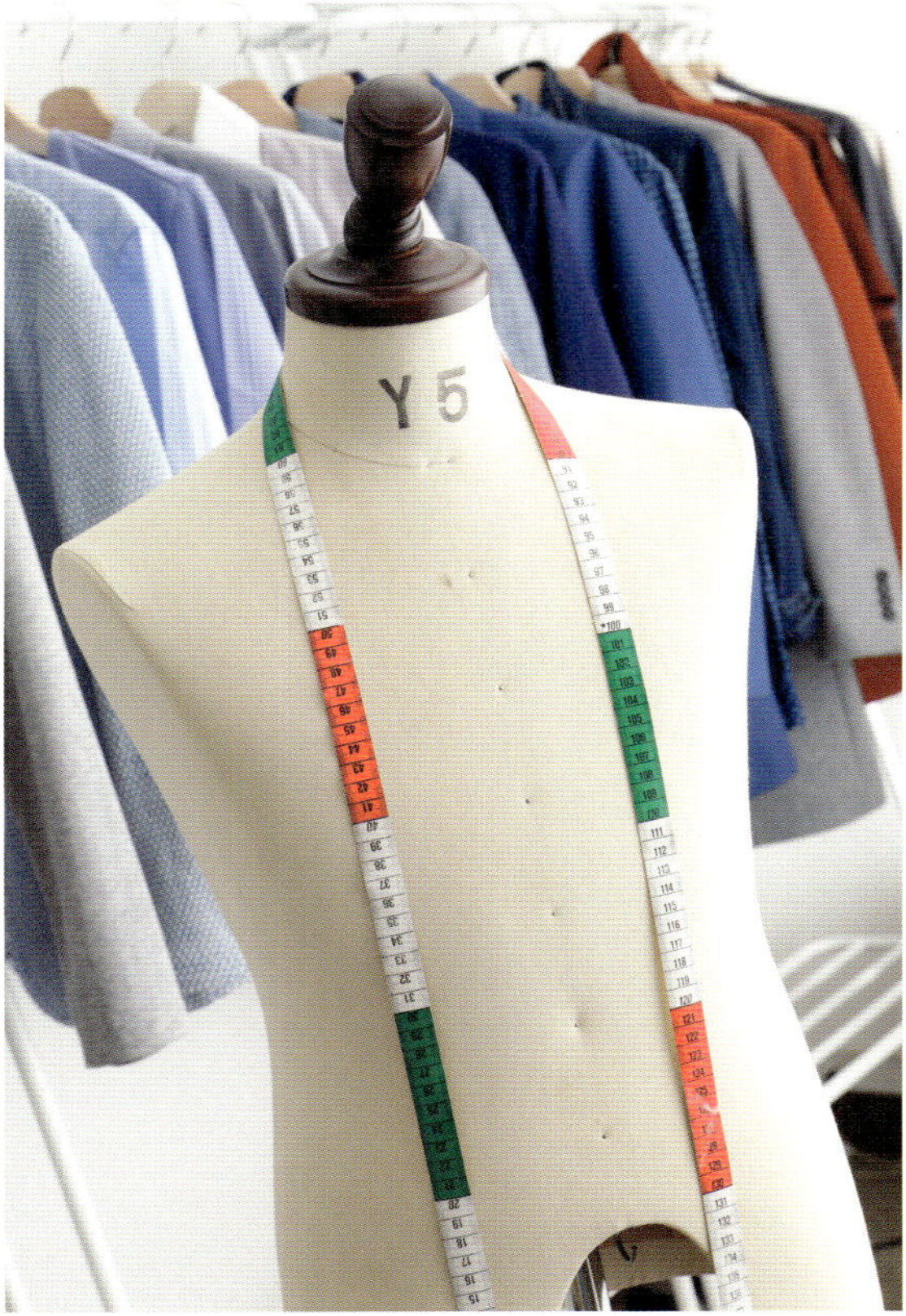

スーツで変わる周囲からの評価

ビジネスファッションを学ぶことがなぜ必要なのか。

単刀直入に、それは周囲からの評価が変わるからです。

職場の同僚や取引先からの評価が変わります。

「見た目で評価されても、仕事で評価されなければ意味がないのでは」

そう思う方もいることでしょう。しかし、**見た目の評価が上がることで、同じ成果であっても、仕事の評価も相対的に上がっていきます。**

結婚相談所に登録している人のお話です。登録してもまったく申し込みがなかったため、プロフィール写真を変えてみました。すると面白いほど女性から申し込みがきたそうです。単純に見た目を変えただけです。

堅苦しいスーツ姿から、親密感が出るジャケット＋パンツ（以下、ジャケパン）姿の写真に差し替えただけで、「婚活の潮目が変わった！」と感じるほど女性の反応は激変したそうです。婚活業界ではこういう事例が山ほどあります。

プロフィールの中身は変わっていません、変わったのは写真だけ。**見た目の評価が上がったことで、プロフィール内容の見え方まで変わった事例です。**

似たようなケースは、ビジネスの場でもあります。

ビジネスファッションも『プレゼン資料』の一部に含まれるのです。

自分の立場・相手の属性によって与える印象を操作できれば相手に与える信頼感も上積みされ、こちらの意見が通りやすくなります。

もしかしたら、その上積みはごくわずかなのかもしれません。ですが、それまで0％だったものがいくらかでも積み上がれば、仕事の評価も徐々に変わっていきます。ついには、認められなかったものが認められるようになる。そんな可能性を秘めています。

売り込む商材は自分自身です。内容に加え、見た目の印象も戦略的に操作していきましょう。

ビジネスファッションを変えることは、自身の存在感を高めることにつながるのです。

営業成績をあげるスーツの秘密

生命保険会社営業の成功事例

スーツを変えることで、営業成績が上がった生命保険会社の人がいます。

それまで顧客のターゲットを絞っておらず、営業活動していました。ある時、ターゲットを子育て世代のファミリー層に絞りこんだそうです。

マーケットを変えた結果、今のスーツ姿が必ずしもプラスに働いていないと感じ、私のもとに相談にきました。

そのとき、彼が着ていたスーツは厳粛な空気を発しており、この世代のママさんたちに堅すぎる印象を与えていました。

良い例

悪い例

※写真はイメージです

ただ、カジュアルすぎるわけにもいきません。スーツとカジュアルの中間でビジネスマンとして信頼されるジャケパンを私は提案しました。

上下同一生地のスーツ、上下生地が異なるジャケパン。ジャケパンはスーツ以上に明るく柔らかい印象を与えます。**上下生地が異なるからこそ、パンツの色を濃くすることで上半身が明るく見えるのです。**

ジャケパンに変えた彼は、望んでいた数字にほどなくたどりつくことができました。もちろん、服装以外にも彼の営業センスなども大きく影響していたことでしょう。

個人事業主の成功事例

服を変えたら依頼が増えたフリーランスの人の事例です。

異業種交流組織に加入していた彼は、短時間の名刺交換で相手に印象づける方

法を模索していました。相手の記憶に残らなければ、次の展開はないと考えていたからです。

個人事業主の場合、企業の看板がないため、仕事を増やすことを目的として、異業種交流会に参加することもあります。ところが、個人の看板では、その名刺交換自体が単なる社交辞令で終わってしまうことが多々あります。

短時間で、相手に印象を残さない限り、次につながりません。

それまで、大手企業で技術者だった彼のビジネスファッションの選択肢はスーツのみでした。

ビジネスシーンでの身だしなみと位置づけるならば十分ですが、次なる仕事につながるファッションではありません。

彼のクリエイティブな専門性を服で表現するという作戦を私は提案しました。服も名刺の一部だと伝え、ノーネクタイで色を主役としたジャケパンを選びました。

「ウェブ関係のお仕事だから、おしゃれなんですね」

名刺を渡したとき、相手からこんな反応がもらえれば「印象のフック」は効いています。

会場にたくさんの人がいても、名刺交換の時間が短くても、自分のことを覚えてもらえていれば次につながります。

その結果、お仕事の依頼は右肩上がりに増えているという報告をいただきました。彼はおしゃれをすることを目的としたわけではありません。ビジネスの専門分野を目で見えるよう工夫しただけなのです。

ファッションの話をしていると定期的に「中身が大切」と言われる方がいます。もちろんそれ自体は否定しません。

しかし、ビジネスシーンにおいては、実際には「もっと話を聞いてみよう」という判断を見た目の印象でされているのです。

人間関係の構築は誰もが同じスタートラインではありません。第一印象という先入観によって、有利なスタートラインに立ち位置が変わることもあります。

服もコミュニケーション表現の一部としてとらえたとき選ぶ服は変わり、結果として、仕事の「成約率」と「評価」も劇的に変わるのです。

逆にいえば、ビジネススーツを着ていることが必ずしもプラスに働いているわけではありません。

何の意図もなくスーツを着ているということは、何かしらの仕事をしている人間であるという印象にしか見えないからです。その道のプロフェッショナルだということが印象から伝わらなければ、業界内にいるその他大勢から抜け出すことはできません。

だからこそ、スーツ選びはセンスではなく着合わせが重要なのです。

スーツの違いを知る

自分が着ているスーツと何がちがうのか。

服は基本のカタチが決まっています。デザインに差があるとはいえ、取扱説明書を読まなければわからないような服はありません。

だから、服は勉強するものではなく、その日の気分やセンスで選ぶものだと認識されているのです。

私は「着合わせ」という視点から、同じ服であっても見せ方を変えることで清潔感やおしゃれさを出すことを指導しています。

コーディネートをセンスだけに頼っていたら、あるときは１００点を生みだせたとしても、あるときは20点になりかねません。80点以上を毎回コンスタントに実現するにはセンスに頼ることはあまりにもリスクが高すぎます。

私がやっていることは、好印象の法則である「着合わせの技術」を細心の注意で運用しているだけなのです。

写真のように、**グレージャケットであれば印象を強めるためにダークカラーのネクタイを選びます。** これが着合わせの法則です。

たとえば、グレージャケットのネクタイをセンスで選んだら、どうなるでしょうか。

きれいで淡い色のタイを選ぶ可能性もあるでしょう。とてもきれいな印象に仕上がります。白でも黒でもない中間色のグレージャケットには、カラフルな色と調和する効果があります。とはいえ、その印象はビジネスの場というより結婚式のような式典の場にふさわしいものとなります。

では、信頼を勝ち得る着合わせとはいったいどんなものなのでしょうか。

色彩心理学では「紺色」は信頼感を生みだす色と言われています。

色は光が反射したもの。

光がもつ波長が視覚を通じて脳に刺激を与え、心に影響を及ぼすのです。

スーツ・シャツ・ネクタイ・チーフ
(THE SUIT COMPANY)

中間色であるグレーのスーツは印象がボケやすいため、ダークカラーのネイビー色で印象をグッと引き締めます。

ビジネススーツの基本「ネイビー色」。明るさを変えることでその印象を別物に見せることが可能です。

スーツ（THE SUIT COMPANY）、シャツ・ネクタイ・チーフ・靴（著者私物）

私自身、ビジネスファッションでは紺色の使い方を重視しています。

前ページの写真のグレージャケット、紺色のネクタイも印象を強めるだけでなく「信頼のメッセージ」を視野に入れて選んでいます。

また、色のみならず「ジャケット・パンツの最適なサイズ感」という視点も信頼感を得る近道です。

着ているスーツのサイズはとても重要なポイントです。服を着るのであり、着られていてはいけません。

最適なサイズに調整する手間が必要となります。

詳しくは第2章で扱いますが、**3万円でスーツを買えるツープライススーツは量販店であっても、プラス数千円でお直しができます。**そして、裾上げのみならず、そのチェックポイントは8カ所あります。

生活感をゼロにする

「服でソンしてるな」と感じる同僚・友人が身近に思いあたる人は多いはずです。その仕事振りやモチベーションを高く評価しているからこそ、「身だしなみさえ整えればもっと評価が上がるのに」と思うことがあるかもしれません。

私はビジネスファッション研修を企業で行っているのですが、この手の話をよく耳にします。

服は個人の感性ともいえるからこそ、仲間内では身だしなみの指摘はしづらいものです。一歩間違えれば人格攻撃に受け取られるリスクさえあります。

つまり、**本人に自発的に気づかせる方法しかありません。**でも「指摘されない限りそもそも違いがわからないし気がつかない」というジレンマがあります。

たとえば、この写真のスーツを見たとき、「紺色の違い」に気がつきましたでしょうか？　リクルートスーツのような濃紺に比べ明るめの色になっています。ビジネススーツには黒・紺・グレーの主に3色があります。紺・グレーは、そのトーン（明るさ）を微妙に変えることがバリエーションになるのです。

ブルーがかった紺色、**ライトネイビーには夏の清潔感ともいえる「清涼感」を生み出します。**

ただし、業界・職種によってはこのスーツは華やかすぎるかもしれません。

だからこそ、誰にでも当てはまる「清潔感」を基準に考えていきましょう。

清潔感はその定義が非常にあいまいです。だからこそ、客観的な基準を設けない限り、職場のビジネスファッションを底上げすることはできません。

（THE SUIT COMPANY）

ダークネイビーとは異なる、青みが強いライトネイビージャケット。

そこで、**私は「清潔感の定義」を見直しました。**

定義を見直すとき、その言葉の反対語を思い浮かべることで定義は浮き彫りになります。清潔の反対は不潔ですが、不潔感という言葉はありません。ファッションにおける「清潔感」の反対語は「生活感」なのです。

「生活感をゼロにする」

これこそ清潔感を演出する方法です。

実は「清潔（生活）感は先端に宿る」という言葉を私に教えてくれたのは、数々の外資系ホテルでマネージャーも務めてきたベテランのホテルマンでした。

彼らは毛先・つま先・指先、先端をパリッとさせているからこそ、あれだけの清潔感を演出できていたのです。

ネクタイの剣先・シャツの襟先・ジャケットの袖先・スラックスの裾丈に意識を向けることで清潔感を見直すことができます。清潔感は演出することが可能なのです。

親密感を出す服

信頼を得ることも清潔感を出すことも大切です。ですが、最強の印象は「親密感」なのかもしれません。私は買い物同行のヒアリングの時点で必ずある質問をします。

「今日一緒に選ぶ服を通じて、どんな印象を与えたいですか?」

この質問に対する回答のなかでいちばん多い答えが「親密感」です。

親密感は初対面で相手の緊張をほぐしてくれます。会話をスタートしてから仲良くなるまでの時間が短くなります。そして、**まだリアルに会ったことがない人から、会ってみたいと思われる確率が高まります。**

私は小さいころから自分の気持ちや意見を言葉にすることが苦手だったので、

発言のタイミングが人とかみ合わず、発言するチャンスそのものをことごとく失ってきました。その結果、無口であまりしゃべらない人間だとまわりから思われていたのです。セルフイメージとまわりが決める評価のギャップにずいぶん悩まされました。

そこで、言葉を補う自己表現として服を追求し、「好印象の法則」に気がついたときは本当にうれしく、その後の人生に希望が見えました。

親密感こそ、人間関係を良好にする最強の第一印象なのです。もちろん、親密感を作るうえで「笑顔」や「声のトーン」のような、服とは異なる工夫も求められますが、色の着合わせでも親密感は作ることができます。

人の心は色に反応するのです。色のパワーを活用することで親密感を高められます。スーツであればシャツ・ネクタイに色を活用する。可能であればスーツよりジャケパンで色物ニット・シャツを合わせましょう。

第2章

ツープライススーツの超活用法

3万円で
最高の着合わせを
ゲットせよ!!

シルク混の光沢あるグレースーツ。高級天然素材シルク混も3万円で購入可能。ツープライススーツブランドの醍醐味として、3万円で高級感を演出することが可能です。

スーツ、シャツ・靴（著者私物）
ネクタイ・チーフ
（THE SUIT COMPANY）

ツープライススーツ大手5社比較

スーツを買うときに、まず気になるのは値段です。

「いくらくらいのスーツを買えばいいのでしょうか」と、私もよく尋ねられます。

スーツの価格はピンからキリまでさまざまですが、私は3万円台のスーツで十分だと答えています。

なぜなら、**スーツには値段以上に大切なことがあるからです。**

スーツは、たしかに全身を覆う面積が最も広い衣服です。ですが、第一印象はスーツ単体では決まりません。

人は、**着合わせによるメリハリ**を見るからです。

つまり最適な着合わせさえ理解していれば、3万円台の安価なツープライススーツでも、好印象は十分に作れます。

低価格で売っている、ピタッとしたシルエット重視のスーツが「ツープライススーツ」です。

発表当初、価格帯が1万9800円と2万9600円という2タイプで統一されていたことから、こう呼ばれています。

現在では必ずしもこの価格とは限りませんが、高くても4~5万円台というお求めやすい価格が最大のアピールポイントです。

中でも「ツープライススーツ大手5社」と呼ばれているのが、この5つのブランドです。

- ・THE SUIT COMPANY（青山商事株式会社）
- ・SUIT SELECT（株式会社コナカ）
- ・P.S.FA（はるやま商事株式会社）
- ・ORIHICA（株式会社AOKI）
- ・ONLY（旧名称・The@SUPER SUITS STORE／株式会社オンリー）

20～40代のビジネスマンなら、いずれも馴染みの深い会社のはずです。これらのブランドは誕生当初、洋服の青山、コナカ、はるやま、AOKIなど、紳士服量販各社の若者向けブランドという位置づけでした。

ですが、今ではもはや別物と考えるべきです。クールビズ導入からカジュアルフライデーへと、ビジネスファッションの多様化が進むなかで、これらのブランドも生き残りをかけて、互いにしのぎを削り、進化してきたのです。

では、ツープライススーツ大手各社の「コンセプト」と「商品の特徴」を紹介していきましょう。

THE SUIT COMPANY（青山商事株式会社）

ツープライススーツにつきまとう、安っぽいイメージを完全にくつがえしたのが、このブランドです。

その要因は「コラボレーション」と「高級生地の投入」だと、私は考えています。

コラボレーションによる商品は、これまでもいくつも見かけましたが、2011年から始まったブランド「アントニオ・ラベルダ」は衝撃的でした。

イタリアシャツの老舗ギ ローバー創業家の長男とのコラボにより、いつもの価格にプラス1000円で本格派シャツを選べるようになったのです。この展開は、それまでのツープライススーツにはない価値を生み出しました。

もうひとつは、高級生地の投入です。

紳士服業界第1位の青山商事という強力な母体の力を活かして、グループブランドのセレクトショップ「UNIVERSAL LANGUAGE」（ユニバーサルランゲージ）で扱っていたイタリア生地を一部導入しました。

シルク混や細い高級ウール糸で仕立てたスーツが、いつもの価格プラス1万円程度で手に入るというシステムを整えたのです。

「安さだけでなく品質も重視」というのは業界全体の流れですが、特に同社が扱う一部商品には高級感すら漂います。

当時20～30代のビジネスマンが、年齢と共に「高品質」を求めはじめたことに対応した結果なのかもしれません。

クールビズ、スニーカー通勤などビジネスファッションの多様化を考慮して、商品構成も変わりました。

旗艦《きかん》店である新宿本店を見る限り、売り場面積のおよそ50％はスーツ、残り50％は単品ジャケット、スラックス、シャツ、靴、ベルト、バッグなど周辺小物となっています。

もはや、同ブランドはツープライススーツに限らず**「ビジネスファッションの専門店」**と考えるべきでしょう。

SUIT SELECT（株式会社コナカ）

2007年にクリエイティブ・ディレクター佐藤可士和《かしわ》氏を迎えてリニューアルを遂げたこのブランド。

その中心をなすのは**「極限までムダを削ぐ」**というコンセプトです。

そして、スーツの設計図ともいえる「型紙」を重視して、どこよりもサイズ感にこだわっています。

扱うスーツのシルエットは、細身で短めの着丈という傾向がありますが、ビジネスシーンであっても攻めすぎません。

いうならば、**低価格帯でありながら高級ブランドにも似たモードの要素を楽しめるスーツブランドです。**

その象徴とも言えるラインナップが「スキニーモデル」シリーズです。

一般的にスキニーとは細身のジーンズを指す言葉ですが、このモデルはまるでスキニージーンズのように極限までムダをはぶいたスーツです。

細身の体型でジャストサイズがなかなか見つからないというビジネスマンは、一度はこのブランド店を訪れるべきでしょう。

また、これらのスーツに合う周辺小物も充実しています。

たとえば、3000円程度で購入可能なナロータイ。これは「プラダ」あたりで扱っているようなイメージの、ネクタイ幅5～6センチのスタイリッシュなアイテムです。

そして、フォーマルウェアの秀逸さも、特筆すべき点です。

素材・色の両面で遊びの要素を混ぜ込んだタキシードは、フォーマルウェアにもかかわらずキメすぎません。タキシード風のデザイナースーツといった印象もあり、他社では見かけない独特のアイテムです。

日常生活でタキシードを着る機会は多くないですから、高級なものを仕立てるのには抵抗感があると思います。

とはいえ、安っぽいものも選びたくありません。そんなジレンマを解決してくれるのが、同ブランドのフォーマルウェア売り場なのです。

P.S.FA（はるやま商事株式会社）

人より華やかに目立ちたい。そんな思いをリーズナブルな価格でかなえてくれるブランドです。

芸能人がテレビ出演する際の、衣装協力の実績が多いのも特徴です。選ばれる理由は**「ビジネスファッションに華をそえる遊び心」**にあります。ファッション誌『ｓｍａｒｔ』とのコラボレーションのように、ターゲットの若返りを目指しているような動きもあります。

ブランドとしての優位性は間違いなく「華やかなアイテム」にあります。なかでも私が衝撃を受けたのは、２０００年代後半に扱っていた襟高シャツでした。クールビズの大きな流れが始まって数年たったころ、各社ともノーネクタイ・ノージャケットをスタイリッシュに見せる商品開発に力を注いでいました。

そのころ、同ブランドは「ドゥエボットーニ」「トレボットーニ」と呼ばれる襟にボタンがついたシャツを展開しました。これが、当時イタリアシャツが流行っていたこともあり、人気を集めたのです。
現役商品の中では、チョークで線をなぞったようなチョークストライプのスーツがとても面白いアイテムです。これは写真映えするので、取材を受けるときや大勢の前で講演する機会があるビジネスマンにおすすめです。他ブランドでは、これに相当するものはなかなか見当たりません。
また、これらの雰囲気によく合うカラフルなソリッド（無地）ネクタイも定番商品として扱っています。

華やかなアイテムがリーズナブルで買えること。それがこのブランドの人気の秘訣です。

また、服で主張する必要がないビジネスマンにとっても要注目です。というのも、ワンポイントアクセントを入れるための小物探しに最適のお店だからです。これまで数多くのアイテムを、私はここで見つけて、クライアントに選んできました。チノパンに合わせやすいスエード革の靴や、ファブリック（生地）とレザーの素材をミックスしたコンビネーションバッグなどです。

ORIHICA（株式会社AOKI）

Original High Category（独創的で高いレベルの切り口）の頭文字を由来とするのが、このORIHICA（オリヒカ）というブランドです。

英国人のサリーム・ダロンヴィル氏が、クリエイティブ・ディレクターを務めています。

全国に展開する店舗のモチーフは、もともと表参道にあったコンセプトショップをイメージしているそうです（現在、プレスルーム兼デザインオフィス）。

その大きな特徴は、「カワイイ」という視点をビジネスファッションに持ち込んでいる点にあると、私は考えます。

たとえば、ジャケットの胸元にピンズがついてくるスーツなどが印象的です。光沢ある生地の艶っぽいスーツも扱っています。P・S・FAとも異なる遊び心がここで見つかることでしょう。

また、今のようにビジネスファッションがカジュアル化する前から、オン・オフ兼用で使えそうなアイテムを多く扱っていました。

カワイイのコンセプトを盛り込んだビジネスファッションは、その独創性から好みはわかれるかもしれません。

ですが、このコンセプトは女性からの反応がとても良かったことを特筆しておきます。

男女で印象の好みは異なります。**男性はカッコいいに反応しますが、女性はカワイイに反応します。**

他業種と印象で差をつけたいＩＴ系・クリエイティブ系のビジネスマンや、職場や取引先で女性と接する機会が多いビジネスマンに向いているといえるブランドです。

ONLY（旧The@SUPER SUITS STORE／株式会社オンリー）

1999年、ツープライススーツの先駆けとしてオープンしたのが、The@SUPER SUITS STOREです。

2017年には、数年越しの全店ブランド名称変更を完了し、ONLYという新名称で心機一転、営業を続けています。

これまで紹介したツープライススーツブランドは、すべて紳士服量販店大手が運営しています。

しかしこのONLYは紳士服量販店ではなく、仕立て職人をルーツとしたブランドです。

旧名称時代は、感度が高いシルエット重視のスーツをリーズナブルに提案することがコンセプトでした。

対して、名称変更後の新ブランドは**「他にはない唯一の服」**を志向しているように思われ、明らかな変化を感じます。

以前は、良い意味でツープライススーツブランドの王道でした。若々しいシルエットをリーズナブルに提供しており、必然的に多少は安っぽい雰囲気も混在していました。

ところが、新ブランドでは品質に対するこだわりが前面に出ています。**テーラーとしてのこだわりが色濃く伝わってきます。**

アラサーよりアラフォー以上のビジネスマンをターゲットにしているような印象もあります。

特に、「若々しさ」という見せ方に抵抗を感じているアラフォー以上のビジネスマンにおすすめしたいブランドです。

実際、同ブランドでは他社以上にオーダースーツを推しています。身体に合わせる服を着ようというメッセージが伝わってくるようです。

3万円のスーツを選ぼう！

スーツ売り場に出向いた方から、「サイズ表記がよくわからなかった」「生地の高級感が見分けられなかった」といった相談を受けることがあります。その理由は明確です。買いに行く前に、スーツを比較する基準が必要だったのです。

スーツを買いに行く前に、**「サイズ表記」と「生地のちがい」だけは理解しておきましょう。**

これで、スーツ選びの手間と時間を9割カットできます。

まずは価格について。先ほど「ツープライススーツ」の語源は2つの価格帯から選べることだと書きましたが、現状は「スリープライス」が実態です。

各社とも、およそ2・3・4万という、3つの選択肢を用意しています。

ちなみに、いちばん扱いが多いのは各社とも3万円のスーツです。私もそれを推しています。というのも、2万円でスーツを選ぼうとすると、選択できるバリエーションがぐっと狭くなってしまうのです。ただし、値段と生地の高級感が比例するわけではありません。

3万円以上のスーツを選ぶ理由はそのバリエーションの幅です。では、値段にかかわらず高級感がある生地を見分けるコツは何でしょうか。

それは「生地の違い」に注目することです。

高級感は天然繊維の光沢に宿ります。

ポリエステルの光沢と混同しないように気をつけてください。これは強度を高める化学繊維ですが、光沢感も強いのです。

簡単に見分ける方法は、**素材表記の札《ふだ》を確認することです。**

「ウール100％」なのか「ウール混紡」なのかで、チェックするポイントが変わります。

ウール100%の場合

細いウール糸ほど光の反射粒が細かく、上品な光沢感が生まれます。

売り場に並んだジャケットの左腕に、生地ブランドタグがついていますが、ウール100%の場合、そこには数字が記載されます。

たとえば、「SUPER 120」というような記載です。これはウール糸1キログラムを距離にした場合の数字です。

前述の120ならば、1キログラムの糸を1列に並べた距離が120メートルです。

大きい数字ほど糸が細く、その分、光の反射が細かく見えます。

なお、値段と糸の細さは連動しません。私は「SUPER 110」以上をおすすめしています。

ウール混紡

ウール混紡の場合、重要なのは混合されている素材です。

・シルク混紡（光沢感が際立つ）
・モヘア混紡（光沢感に加え、生地に張りが生まれる夏素材）
・カシミア混紡（光沢感に加え、生地に柔らかさが生まれる秋冬素材）
・ナイロン混紡（化学繊維でありながら、高級な光沢感）
・ポリエステル混紡（強度を保つ化学繊維）

サイズ表記

ＪＩＳ規格とヨーロッパ規格の２種類があります。

そして、**大手5社のうち4社はＪＩＳ規格を採用しています。**

ＴＨＥ ＳＵＩＴ ＣＯＭＰＡＮＹのみヨーロッパで使われることが多い「ドロ

アルファベット……横幅
数字……身長

Y　……　細身体形（胸囲と胴囲の差が16センチの型紙を採用）
A　……　標準体型（胸囲と胴囲の差が12センチの型紙を採用）
AB……　ふっくら体形（胸囲と胴囲の差が10センチの型紙を採用）
BB……　ぽっちゃり体形（胸囲と胴囲の差が6センチの型紙を採用）

4　……　身長165センチ
5　……　身長170センチ
6　……　身長175センチ
7　……　身長180センチ

ップ表記」を採用しています。どちらも「横幅」×「身長」のかけ算です。

JIS規格の場合、アルファベットと数字を並べて表示します。たとえば、A5といえば身長170センチで標準体型ということになります。

一方、THE SUIT COMPANYが採用するドロップ表記はこちらです。

ドロップ寸＝（胸囲－胴囲）÷2

胸囲と胴囲の差が16センチというくびれが強いジャケットはドロップ8と表示されています。一方、ドロップ6は12センチ差のくびれ、ドロップ4は8センチ差のくびれという意味合いです。

ドロップ表記に慣れていないビジネスマンは、自身のサイズを見つけることに苦労するかもしれませんが、慣れれば簡単です。

「着る」前に「直す」

「スーツの見栄えは、お直しで9割決まる」

これが私の持論です。

高級な生地も身体に合っていなければ、好印象に見えません。

時計やバッグと違い、スーツは身体に合わせて身につけるものです。身体に合っている場合のみ、メリハリが映えます。

だから、プラス2000～3000円のお直しでスーツの価値は2倍以上に見えるのです。お直しは、決して難しいものではありません。たとえばスラックスの裾上げもお直しのひとつです。

ツープライススーツ各社では裾上げを含めて、8カ所のお直しができます。納期は通常7～10日前後。SUIT SELECTは箇所により2～3週間かかります。では、どんなふうにお直しをすればいいのでしょうか。

お直しの調整可能範囲

①身　幅　円周を最大4センチまで詰められる。
②着　丈　小柄な人ほど詰める余地がある。ただし、袖詰めを基準にする。
③わたり　折り目が消えない程度に細身。座った時にきつくない程度。
④裾　幅　数値指定。たとえば、「裾幅18センチ指定で」という形式。
⑤裾上げ　シングル・ダブルが可能。
⑥袖　丈　本切羽は1.5センチまで詰められる。飾りボタンは上限なし。
⑦ウエスト&ヒップ
最大3.5センチまで出せる。詰めの上限はない。足周りがモタつくときのみ。
詰め幅は円周2～3センチまで。

お直しの可能な箇所と範囲は、次の通りです。

そして、理想のサイズ感は、次のページの通りです。

これとは別に、オーダースーツという選択肢もあります。しかし、一般のビジネスマンが、その仕上がりを予測するのは難しいものです。現物を試着しながら微調整する「お直し」こそが、堅実なやり方です。

というのも、**既成・オーダーにかかわらず、スーツの設計書ともいえる型紙で仕上がりは変わるから**です。

たとえば、ジャケット襟の切り替えし「ゴージライン」の位置は、型紙次第で変わります。

「高めのゴージライン」は若々しい印象、「低めのゴージライン」には貫禄があります。

もしオーダースーツを選択するならば、服の知識を身につけましょう。知れば知るほどカスタマイズの楽しみと、そこから生まれる価値に気づくはずです。

理想とされるサイズ感

①身　幅　ジャケットボタンを留め、こぶしひとつ入る程度。
②着　丈　身長で変わる。小柄な人ほど短く、高身長ほど長い。身長—足のサイズ÷2を基準として±3センチ程度。
③わたり　折り目が消えない程度に細身。座った時にきつくない程度。
④裾　幅　ふくらはぎの肉付きで変わるが、18～20.5センチを基本とする。
⑤裾上げ　ソックスが見えない程度に短め。ハーフクッション程度。
⑥袖　丈　親指の爪先から10～11cm。かつ1～1.5cmシャツを見せる。
⑦ウエスト&ヒップ　ベルトを絞めずとも、スラックスがズレない程度。

スーツ・シャツ・チーフ（THE SUIT COMPANY）
ネクタイ・靴（著者私物）

季節感を感じる春夏スーツの選び方

ツープライススーツに限らず、ビジネスファッションは季節感が重要です。しかし、クールビズを除くビジネスファッションは長袖が主流です。これでは形によって季節を表現できません。だから、別の手段で季節感の演出をしかけていきます。

人が季節感を感じやすいポイントは、「色合い」と「素材感」です。半裏地だから夏物だろう、などと決めつけてはいけません。裏地が半分しかない背抜きは春夏物、もしくは4シーズンの通年物かもしれません。「目付け」という尺度があります。スーツ生地1平米あたりのウールの重さを示します。

春夏生地は230グラム以下、秋冬生地は260グラム以上です。

通年スーツは２３０～２６０グラムの間です。

とはいえ、試着の段階で生地を計量するわけではありませんし、自分では軽量感を感じられたとしてもその印象がまわりに伝わるとは限りません。

だからこそ、生地の軽量感を伝える手段は「色合い」と「素材感」の２つです。生地自体の見た目では、その軽量感が伝わらないからです。

では、春夏の軽量感が伝わる代表的な2種類のスーツを紹介しましょう。


ひとつめは、ライトネイビースーツです。

一般的なビジネススーツといえば、黒、紺、グレーと、色によって3種類にわけられます。これから大きく外れた色は選択できません。

色が限られるのであれば、明るさを変えて印象を整えましょう。

スーツ（THE SUIT COMPANY）

明るいネイビースーツは、ダークネイビースーツに比べ軽くみえる。主に外資系企業のスタイルとして定着。

ネクタイ（著者私物）

日差しが強い春夏には、軽快な印象を与える青みが強い紺色が映えます。

そして、**明るいネイビーには、明るいネクタイが映えます。**

普段であれば躊躇《ちゅうちょ》するような、水色・ピンク・オレンジ・イエローあたりを、思い切って選んでみましょう。

夏の清潔感である「清涼感」が伝わることでしょう。

もちろん、明るい色のネクタイが苦手な場合は、スーツより少し明るい程度のブルーネクタイでもＯＫです。

次に、背抜きで着用感が軽めのグレースーツ、と言っても、**いつもより少し明るい**

グレーです。

白、黒、グレーは無彩色と呼ばれ、色の明るさを測るものさしと言われています。ビジネススーツに用いられるのは3種類。白に近いライトグレー、黒に近いチャコールグレー、その真ん中くらいのミディアムグレーです。

私がおすすめしているのは、この写真くらいの明るさの物です。ミディアムとライトの中間です。

気持ち明るいグレースーツを選ぶポイントは「生地の表情」です。

中間色は、ともすればのっぺりと見えがち。そこで「柄」のあるもの、もしくは「光沢感」が強い生地を選びます。

写真は窓枠のようなチェック柄が

ジャケット・ネクタイ・チーフ（THE SUIT COMPANY）、シャツ（著者私物）

英国調のイメージが強いウインドーペーンは知的な印象に見えます。間延びしやすいグレージャケットにメリハリをもたらす柄のひとつです。

印象的な、ウインドーペーンチェックです。英国調で知的な印象に見えます。あるいは、チョークで書いたような太目のストライプ柄。こちらは貫禄が伝わってきます。

シルク混のグレースーツも、艶《つや》っぽい光沢感でスーツに表情を与えます。この場合、ネクタイはダークカラーがおすすめです。

ネイビーやこげ茶はグレースーツの印象をグッと引き締めてくれます。

もちろん、春夏スーツはこの2種類だけではありません。

ウールに限らず、たとえばモヘアも代表的な夏生地です。

ここでは、昨今注目を集めている新定番を紹介しましょう。

それは、先端繊維をつかった機能性スーツです。

ポリエステルでつくられた、通気性抜群でシワに強いスーツは、次世代のビジネスファッション素材と言うことができます。

旧来の、強度を高めるためのポリエステル混は安っぽいイメージが否めませんが、この機能性スーツは別格です。コットンスーツのセットアップを先端繊維でリバイバルしたもの、という言い方もできるでしょう。
モダンなセットアップと考えるならば、安っぽい気もしません。これこそが新時代のスーツです。

ストレッチが効いた先端繊維のスーツ。100％ポリエステルですが、化学繊維特有の粗雑さはありません。

すべて
(THE SUIT COMPANY)

秋冬スーツは質感にこだわる!

次に秋冬スーツの選び方について解説します。
といっても、スーツが春夏・秋冬にはっきりわかれているわけではありません。
昔から「合い着」といって、気温がさほど変わらないときに着る春秋のスーツもあります。

春夏をメインに想定した軽量感あるサマーウールスーツでも、残暑を考えるならば、春夏秋3シーズンをカバーするでしょう。
また、通年着ることを想定した4シーズンというスーツもあります。

そうしたいろいろな選択肢の中のひとつとして、秋冬に特化したスーツがあります。

毛羽立ちが特徴的なフランネル生地は秋冬の質感に最適です。

ジャケット・小物（著者私物）

フランネル生地の温かみのある質感は秋冬にぴったりです。

スーツ・シャツ・チーフ（THE SUIT COMPANY）、ネクタイ（著者私物）

秋冬に特化した毛羽立ちのスーツ、それが「フランネルスーツ」です。

素材表記は一般的なスーツと同じくウール100％です。「紡毛糸《ぼうもうし》」と呼ばれる5センチ以下の短い糸で紡いだ生地がフランネルになります。

これに対して、「梳毛糸《そもうし》」と呼ばれる5センチ以上の長い糸でつむいだ生地が、一般的な表情のスーツに使われているものです。

毛足が短いフランネル生地は、その毛羽立ちから温かみが生まれます。これが秋冬の季節感を印象づけます。

スーツは季節を問わず、黒、紺、グレーといったダークカラーが中心。色で工夫できる余地はもともと少ないものと考えなくてはいけません。ゆえに、**特に秋冬は色ではなく質感が大事です。**

そして、毛羽立ちという表情が

あるスーツには、裾上げは「シングル」より「ダブル」が好まれます。

シングル……一般的なスーツスラックスの裾の形
ダブル　……スラックスの裾を4センチ程度折り返した裾の形

ロールアップしたような形のダブルの裾は、英国紳士が狩猟をするときに、泥がパンツ裾につかないように折り返していたことがルーツと言われています。

そのためダブルのスラックスは、レングスがシングルより気持ち短めです。

毛足が短い紡毛糸のスーツは、一般的なスーツに比べてカジュアルな印象ですから、裾の形はシングルよりダブルが合います。

ダブル幅3.5～4センチが基本。糸もしくはスナップボタンで留めることが可能です。

（THE SUIT COMPANY）

「ウォームビズ」で冬を楽しむ

暖房の設定温度20℃で冬を快適に過ごすビジネスファッション「ウォームビズ」。春夏のクールビズに比べ、その認知度はまだあまり高くはありません。

しかし、難しく考えることはありません。このウォームビズは重ね着を前提としているので、その着こなしはクールビズより簡単です。

たとえば、毛羽立ちのフランネルスーツにニットセーター。防寒にくわえ、ニットの色がアクセントにもなります。どちらも毛羽立ちという共通点を持っているからこそ、その着合わせはよく合います。

また、フランネルスーツのジャケットに生地が異なるスラックスを合わせるだけで、秋冬のジャケパンに早変わりします。詳しくは第3章でも扱いますが、ジ

コート（著者私物）

ジャケットと同じく開襟型のコートをチェスターコートと言います。


ャケパンは生地に表情をもたせることができます。

アイテム数を減らすクールビズでは、簡略の結果、手抜きな印象に見えるおそれがあります。

その一方、コート、マフラー、グローブなど、冬はアイテム数が増えるからこそ、印象にメリハリをつくりやすいのです。

カラフルなニットにネクタイも合わせる場合などは、ネクタイはネイビー・こげ茶など無難な色で合わせましょう。

第3章

ユニクロで魅せる オフィスカジュアル

秋冬に重宝するユニクロのニット

ジャケット・ニット（ユニクロ）、
シャツ・スラックス
（THE SUIT COMPANY）、
ブートニエール・靴（著者私物）

ジャケットとシャツの間に挟んだニットがメリハリになります。ジャケパンにおいても小物遣いがメリハリを効かせるポイントになります。

「ジャケパン」というスタイルを取り入れよう！

スーツがビジネスファッションの中心であることは、昔も今も変わりありません。しかし、**「スーツを着ていれば取りあえずOK」という時代は、もう終わっています。**

「オフィスカジュアル」という言葉を、みなさんもきっと聞いたことがあるでしょう。

スーツ以外のビジネスファッション全般を指す言葉です。

クールビズ、カジュアルフライデー、あるいはスニーカー通勤なども、オフィスカジュアルの一種といえます。

そして、その中でも特に押さえておきたいのが、**ジャケットにパンツを合わせる「ジャケパン」と呼ばれるスタイル**です。休日ならばTシャツにパンツを合わせるスタイルもありますが、ここではジャケットを着ることをメインに説明しています。

ジャケパンスタイルを着こなすうえで「基準」となるのが、パンツの素材です。パンツの素材によって、その印象は大きく変わります。

ウールのスラックスと、綿のチノパン。

どちらもジャケパンですが、パンツの種類に応じて靴やネクタイも変えていかなければなりません。

つまり、**「パンツに合わせて着合わせすること」**が大事です。

そして、この「着合わせ」には、明確なルール、法則のようなものがあります。

その中でも特に重要なのが「色」の法則です。

値段やデザインよりもまず、人は色に強く反応するのです。

この習性を利用することで、安価なユニクロ服でも好印象をつくることができます。

「色の法則」を理解せずに、自分の中のあやふやな「センス」のようなもので、なんとかしようと考えてはいけません。

シルエットにこだわりをみせる

ユニクロの大きな特徴として、シンプルな定番アイテムが、季節や流行に左右されずにいつでも手に入ることがあげられます。

したがって、アイテム同士の着合わせがわかっている人にとっては、ユニクロの陳列棚は宝の山に見えるはずです。

週末ファッションのみならず、オフィスカジュアルに使えるアイテムもたくさんそろっています。

たとえば、ジャケットとシャツにはさむ薄手のニットを選ぶとします。

ここで、先ほど述べた「色の法則」がいきてきます。

ファインメリノウールニットは、パンツの種類を問わずジャケパンに向いています。カラーバリエーションも豊富で秋冬のジャケパンをいろどります。

だからこそ、ネイビーやグレーなどベーシックな色より、ブルー、ラベンダー、ピンクのようなカラフルな色をおすすめします。
「色」と同様に、あるいはそれ以上に重要なのが「シルエット」です。
「サイズ感」と言いかえてもいいでしょう。
例として、写真のユニクロのチノパンを見てください。

ウルトラストレッチスキニーチノ（ユニクロ）

ストレッチが効いているからこそピタッと履いても窮屈に見えないのが特徴。ビジネスファッションに最適なチノパンです。

伸縮素材がストレッチジーンズの1・5倍も含まれているという、**「ウルトラストレッチスキニーチノ」**です。この含有率がピタッとしたシルエットを実現しています。実は**このパンツに出会うまで、私はチノパン反対派でした。**

綿、特有のゴワつきは、ウールスラックスのようにヒラヒラ揺らぐエレガンスを生みません。

スラックスに見立てたセンタープレスのチノパンは、綿のゴワつきでシワが目立つだけです。そのさまは、まるでアイロンをかけていないシャツのように、だらしなく見えてしまいます。

この現象を避けるためには、余計なシワがつかないようピタッと足を通すしかありません。そして、素材の力でこれを解決したストレッチチノならば、ジャケットに合わせることができるのです。

最適なサイズを選ぶポイント

サイズを選ぶポイントは、ウエスト、太もも、加えて**「ふくらはぎ」が重要です。**

ピタッとしたフィット感に慣れたビジネスマンが増えてきましたが、意識せずにピタッとしすぎてしまう危険性があります。

たとえば、外からフォルムがわかるほど目立ったふくらはぎは、窮屈で見苦しい印象を与えます。

ですので、ふくらはぎがガッチリしている方にはユニクロの「スリムフィットチノ」をおすすめしています。

ではチノパンに合うジャケットとは、どんなアイテムでしょうか。

こちらも、シンプルなユニクロアイテムで、十分好印象を作れます。

なかでも汎用性の面でおすすめしたいのが、ポリエステル68%・コットン32%のコンフォートジャケット（5990円）です。

このジャケット自体に、特に高級感があるわけではありません。

ですが、ジャケパンはアイテム単体のクオリティより、全身のバランスが求められます。

うまく合わせれば、値段を超えた効果が得られるのです。

これこそが「着合わせの醍醐味」といえるでしょう。


ただし、これはあくまで、チノに合わせるためのジャケットです。

密度がつまった秋冬のウールスラックスと合わせると、質感の点で負けてしまうかもしれません。

ジャケット・ニット・
シャツ・パンツ（ユニクロ）、
チーフ（THE SUIT COMPANY）

サイズと着合わせのルールをしっかりと守り好印象を保つことが可能です。

パンツ次第で合わせるジャケットの種類を変える必要があるのです。

機能性スーツも一例なのですが、昨今、化学繊維のクオリティが大きく向上しました。

そのため、着合わせさえ間違えなければ、印象は値段に比例しません。**絶対にNGなのは、ジャケットがピタッと体形に合わない場合です。**こうなるとすべてが台無しになってしまいます。

まとめると、**アイテムの「色」と「サイズ感」を重視しながら、着合わせをしていくこと。**これが、ユニクロアイテムを使って好印象を導く秘訣です。

全部ユニクロ！ ジャケパンコーディネート術

ジャケット・シャツ・ニット・チノパンなど、この写真の服はすべてユニクロで購入したものです。

各アイテム同士の着合わせを考慮して、組み合わせたものです。

サイズ感と色を間違えなければ、このような着合わせは、誰でも実現可能です。

では、もう少し具体的に、ユニクロを上手に活かす「着合わせのコツ」をお伝えして

サイズと着合わせのルールで完璧な着こなしとなります。

ジャケット・シャツ・ニット・チノパン（ユニクロ）、
ブートニエール（著者私物）、
靴（THE SUIT COMPANY）

いきましょう。まずは足元からです。

あなたはもしかしたら、革靴を前提に考えていませんか。それは大きな誤解です。かつて、スーツが当たり前だった時代においては、パンツはウールスラックスがお決まりでした。だからこそ、革靴を履くのが常に正解でした。

ですが、**パンツの素材によって、それに合わせるべき靴の相性も変わります。**

いろいろ細かいこともあるのですが、とりあえず原則として、

「スラックスには革靴、チノパンにはスエード靴」

と覚えてください。たいていの場合は、これで乗り切れるでしょう。

ウールスラックスとチノパンの最大の違いは「生地の質感」です。

ウールは生地がヒラヒラ揺らぐので、革靴に覆いかぶさった生地のたるみがエレガントにみえます。

一方、綿のチノパンはゴワついているので、革靴に覆いかぶさった生地が野暮ったく見えます。

ゴワつくチノパン生地は、ザラッとした質感のスエード素材にこそ、うまく馴染むのです。

「スエードって秋冬用の靴じゃないの？」と思われるかもしれませんが、そうとは限りません。

秋冬はくるぶしが隠れるチャッカブーツ、春夏ははき口が広いローファーと、同じスエード靴でもいろいろな季節用のアイテムがあります。

ここで、チノパンのサイズ感について、ひとつ補足します。

フィット感に慣れていない人は、はいてみて窮屈に感じるかもしれません。

そんなときは、軽く屈伸運動をしてみましょう。

思いのほか伸縮するので、そのキツさは錯覚だったと気づくはずです。

ふくらはぎがモッコリ張って見えなければ、それで大丈夫です。

メリハリをつけるシャツの選び方

ネクタイの有無でシャツの襟型は変わります。

ノーネクタイには、ボタンダウンシャツが基本となります。襟先がピョコッと浮く心配がないからです。


シャツの襟先、ジャケットの袖先などは、人が無意識にチェックする箇所です。ここにメリハリをつけることが大切なのです。


また、シャツ選びにおいても、**色の力を活用することが大事です。**

季節がゆるすかぎり、カラフルなニットは特におすすめです。これは防寒目的ではなく、ネクタイにかわって胸元にメリハリをつけるためです。

最初のうちはカラーニットには抵抗があるかもしれませんが、ジャケット着用を前提として試着してみてください。

ニットの面積が限定されるので、そんなに違和感はないはずです。

個性の演出を主とするカジュアルファッションの世界には、決まりきったルールなどありません。

ですが、好印象を与えることが優先されるビジネスファッションでは、着合わせのルールを知り、それを守ることが重要なのです。

自分の好きな服を着るのではなく、着合わせのルールを守ることを、常に心がけてください。

おしゃれといわれる小物の選び方

小物の選び方には、大別して二通りの考え方があります。
まずは、ジャケットの色に対してコントラストをつけるパターンです。
このとき、インナーで着用したシャツ・ネクタイ・ニット、そのどれかに色を合わせることで、統一感が生まれます。

もうひとつは、ジャケット色に馴染ませるパターンです。紺ジャケットであれば同色の花をつけるといった形です。
さりげない使い方ということになります。

男女で、感受性は180度違います。だからこそ、自分が「着たい」服ではなく、相手から「期待」される服を選びましょう。

では、女性の関心をひきたいときのために、カワイイに特化した小物をいくつ

ポケットチーフ

ライトグレーの印象を締めるダークカラーのポケットチーフ。

ジャケット（ユニクロ）・
チーフ（THE SUIT COMPANY）

ブートニエール

ネイビージャケットのフラワーホールにつけた白いブートニエールによってメリハリが生まれます。

ジャケット・小物（著者私物）

か紹介します。

ひとつめは、**「花」です。ブートニエールと呼ばれるものです。**

その昔、ヨーロッパでジャケットに生花を挿していた名残りから、現代のジャケットにもフラワーホールと呼ばれる襟穴が残っています。

つまり、ブートニエールはデザインのみならず、ジャケットの歴史的ルーツにもマッチしています。

ふたつめは、**「ポケットチーフ」です。**

「チーフなんてカッコつけている」と思っている人もまだいるようですが、そうではありません。スーツやジャケットにメリハリをもたらすことで、顔を明るく照らす効果を狙えるのです。

このチーフは、2種類用意すれば十分です。

ダークカラージャケット全般に合う「白のチーフ」と、明るい色のジャケットにメリハリをつける、ネイビーやこげ茶などの「ダークカラーのチーフ」があります。

チーフの挿し方にもバリエーションがいろいろありますが、二通りだけ覚えてください。

定番とされるスクエアと、品のあるパフという挿し方です。

スクエアは、胸ポケットから横長の長方形としてチーフを見せる形です。四角形に折ることでできた「角」をワンポイントとして活かします。

そのため、生地が柔らかなシルクではなく、張りがあるリネンのチーフに向いた挿し方です。

一方、パフはチーフの端をつかわず、真ん中だけ摘んでフワッと無造作に見せる挿し方です。

シルクのチーフを選ぶことでエレガントなカーブが生まれます。逆に、リネンのチーフでパフをつくると、ゴワつくためエレガントには見えません。

柔らかな素材はパフ、張りがある素材はスクエアと覚えましょう。

小物（著者私物）

ユニクロでダサくなってしまう人の特徴

「モデルが着ている写真はカッコいいのに、自分が着るとイマイチなんだよな」

ブランド物の服について、こんなふうに感じたことはありませんか。

私自身も、昔はそんな経験をしたことがあります。

いったい、何がいけなかったのでしょうか。

同じ絵を見ても感想が違うように、同じ着こなしを見ても、着眼点は人それぞれ違います。

当時の私は、雑誌に載っていたジャケット単体を見て「カッコイイ」と反応しただけでした。

「ジャストサイズ」という観点が欠けていました。

後になって気づいたことですが、**実は、ファッションを残念にしていた最大の原因は「サイズ感の欠落」なのです。**

よく街で見かける典型的なＮＧ例を着てみました。
サイズ感には、丈感と横幅、２つの視点が必要です。

フィット感……ピタッとした横幅のシルエット
丈感……各アイテムの丈の長さ

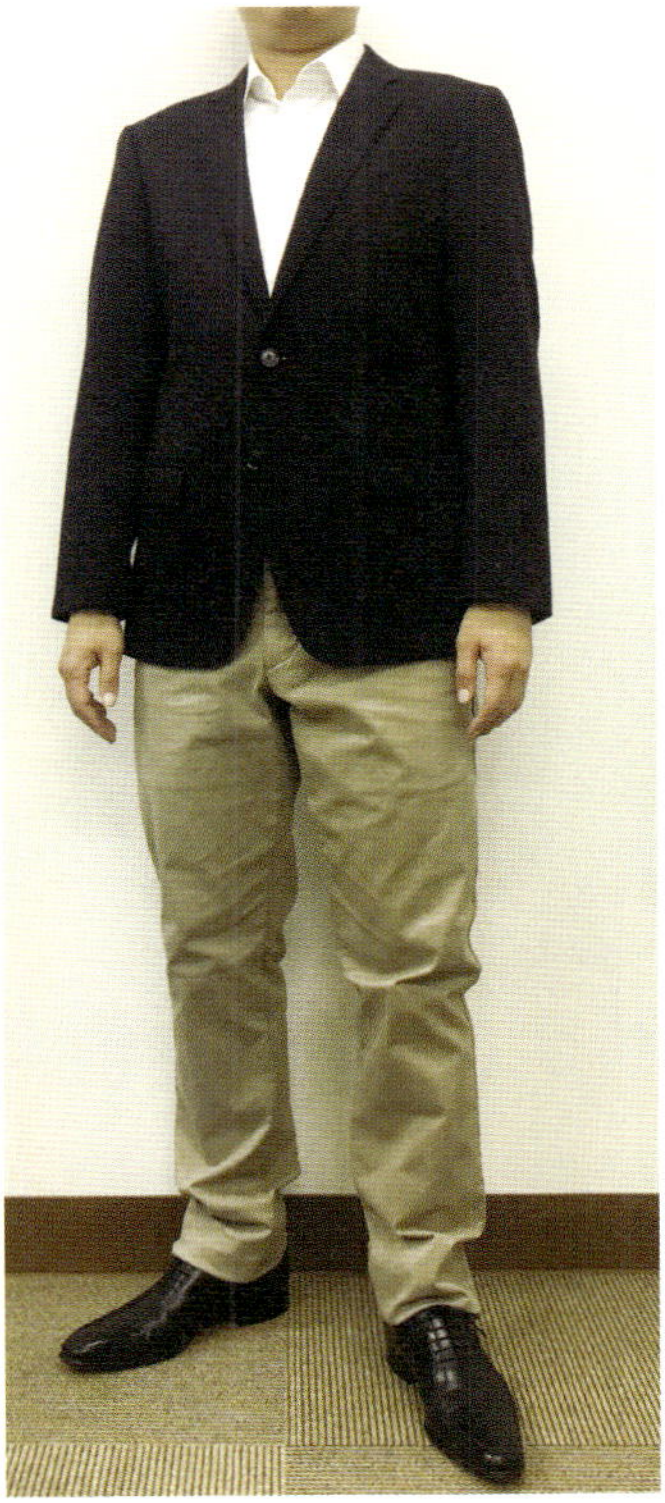
着合わせの観点から、スーツジャケットと革靴にチノパンは合いません。また、ダボついたチノパンは、丈も長くバランスが悪くなります。

気になる点は、ジャケットの袖からシャツが見えていないことです。ジャケット袖の長さは、親指の爪先から10～11センチというのが基準ですが、シャツ袖が見えていなければメリハリが生まれません。

そしてパンツ裾も明らかに長く、余った生地がだらしなく靴に覆いかぶさっています。

次にフィット感のNGについてです。

ジャケットのサイズが大きく、アームホールと呼ばれる腕まわりがだぶついています。その結果、腕とボディの間に空間ができていません。

本来ならばこの空間によって、胸板は厚くお腹は凹んで見える着やせ効果が出てくるはずなのですが、これでは台なしです。

チノパンの足まわりも、シワが目立つほど生地が余っており、ボディラインが消えてしまっています。

このようにサイズ感がおかしいと、どんな服でも印象が悪くなってしまいます。

加えて、スーツジャケットにチノパンを合わせているため、着合わせのルールにも反してしています。さらに、チノパンに革靴も着合わせNGです。

限られた予算で買うべき服

高い服を長く着るのか？　それともリーズナブルな服を数年で買い替えていくのか？　**時代によって、買い物の方針は変わります。**その昔、百貨店の全盛時代は、高くて良い生地の服を長く着ることが賢いとされてきました。

その後、ユニクロなどのファストファッションの品質向上と、ツープライススーツブランドの品種拡大のおかげで、良い服がリーズナブルに手に入るようになりました。

ですが、それでもアイテムによっては予算を厚くしたほうがよい品もあります。

たとえば、スラックスと合わせてジャケパンとして着るためのジャケット。これはお金をかけたいところです。

スーツに近い印象だからこそ、そのジャケットには高級感が求められます。

この場合、ジャケットの形はカッチリしたものがおすすめです。ただし、スーツジャケットには見えないような生地を選びましょう。

93ページの写真のジャケットは、スーツジャケットには見えません。だから、スーツジャケットを着まわしているように見えてしまうことはないはずです。

ちなみに、これは100%ポリエステル素材です。たたんでバッグにしまってもシワがつきません。

最新の繊維技術でつくられた、まさに最新のビジネスファッションなのです。

それと、靴やバッグなどのレザー製品も、予算を厚くすることをおすすめします。

なぜなら、本革素材は経年劣化が「味」に変わるからです。言いかえると、安物よりもずっと長持ちするといえます。

ただし、ブランド物の革小物であっても、靴とベルトの色は必ずそろえましょう。

ここの統一感がないと、一気に残念な印象になってしまいます。

余裕がある方は、靴とベルトに加えてバッグのハンドル部分も色をそろえると、更に印象が良くなります。

ジャケット・スラックス
（ユニクロ）、
シャツ・ニットタイ
（THE SUIT COMPANY）、
ポケットチーフ（著者私物）

先端繊維ポリエステル100%のジャケパン。ユニクロの感動ジャケットをベースにニットネクタイで印象を引き締めています。

意外な盲点になりがちですが、**ビジネス小物にもお金をかけることをおすすめしています。**

たとえば、名刺入れ、財布、ボールペン。

特に、名刺入れの優先度は高いです。

初対面の際に必ず使うツールですから、デザインが強すぎないシンプルなブランド物を用意しましょう。「ボッテガヴェネタ」や「プラダ」などは、お高いかもしれませんが、持っていることで自分のテンションも上がります。

もう少し予算を抑えつつ、女性からも好印象を得られる名刺入れがお望みなら、「FURLA」をおすすめします。

職種の面で名刺交換をする機会がほとんどない方も、いざというときに気おくれせずにすむように、やはり名刺入れは用意しておきたいところです。

さらに予算が許されるならば、高級時計もおすすめです。

やはり高級時計は男の憧れ。身につけているだけで、そこはかとなく自信もついてきます。

ただし数十万円単位の買い物となりますので、優先順位としては後回しになるのもしかたないかと思います。

もう少し買いやすいコスパ重視の時計として、ビジネススーツでも違和感のないファッションウォッチという選択肢もあります。

これは、ファッションブランドである「エンポリオアルマーニ」「マッキントッシュロンドン」などのブランド名がついた時計のことです。おおよそ3万円程度の価格帯が主流です。

洋服ブランドの時計というと不安に思う人もいるかもしれませんが、中身は一流の時計メーカーがライセンス生産しているので、性能面でも優れています。

全体の形状としては主張しすぎないシンプルなデザインでありながら、「文字盤」や「フェイスの形」で差別化しているものがおすすめです。

たとえば、ローマ数字やスクエア型はシンプルであっても差別化につながります。

「丈感」の違いからくるダサさ

服に対する男女のサイズ感覚には、大きな違いがあるといわれています。

対して、女性は見え方にこだわる人が多いようです。**男性は、着心地と動きやすさを求めます。**

これは、もちろんどちらが正解ということではありません。

ただ、男性が持っている「サイズ感」は、もしかしたらちょっとズレているのかもしれないという自覚を持ちたいところです。

私が見る限り、ここ数年で、ダボついたフィット感の男性は大幅に減った印象です。

しかし、「丈感」で失敗している男性も、まだまだいます。

たとえば、ジャケットの適切な「丈感」は、以下のような感じです。

袖丈とパンツ丈は変わりませんが、着丈はスーツよりジャケパンのほうが気持ち短めになります。ジャケパンのほうがカジュアルに寄るからです。長い丈はエレガント、短い丈はアクティブ（カジュアル）に寄ります。

袖丈……親指の爪先から10～11センチ。かつ、シャツが1センチ程度見える。
着丈……スーツより気持ち短め。目視でお尻が3分の2隠れる程度。
パンツ丈……立っている状態でソックスが見えない程度に短め。

あなたのお持ちのジャケット、パンツは、この丈感に合っていますか？　時間があったら、ジャケットを着て鏡の前に立ってみてください。

パンツの裾上げと同様の感覚で、ジャケットの着丈・袖丈も、どこのお店でもお直ししてくれます。

ツープライススーツ量販店はもちろん、ユニクロの一部店舗でも「MYユニクロ」という名称で袖詰めをしてくれます。

ショッピングモールなどに入っているお直し専門店でもいいでしょう。

コートの丈感基準

コート袖の基準は２つあります。

・親指の付け根が隠れない程度
・ジャケット袖が隠れる程度

写真は上記２つを満たすため、コート袖を直した例です。袖に付いたボタンをはずして、移動して縫い直しました。

このようなお直しは、ツープライススーツブランドやお直し専門店でやってもらえます。３０００～５０００円程度の工賃がかかりますが、それで印象はぐっと変わります。

コートの着丈は、**身長１７０センチ未満の方は、フィンガーチップ丈を基準に**

しましょう。自然に手をおろしているときの中指が目安です。

高身長の人はフィンガーチップから膝丈くらいまでの間に設定します。

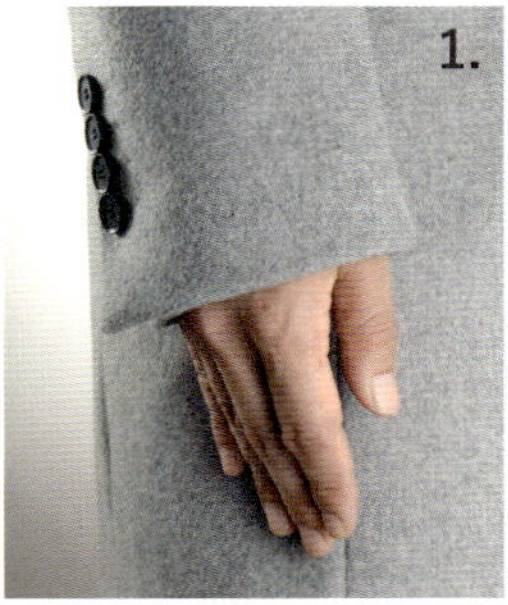

1. 袖が長すぎる例。コートに付いている袖ボタンが飾りのとき、ボタンを付け直し袖を詰めてくれる。MY ユニクロ・各ツープライススーツ量販店、お直し専門店でも対応可能。

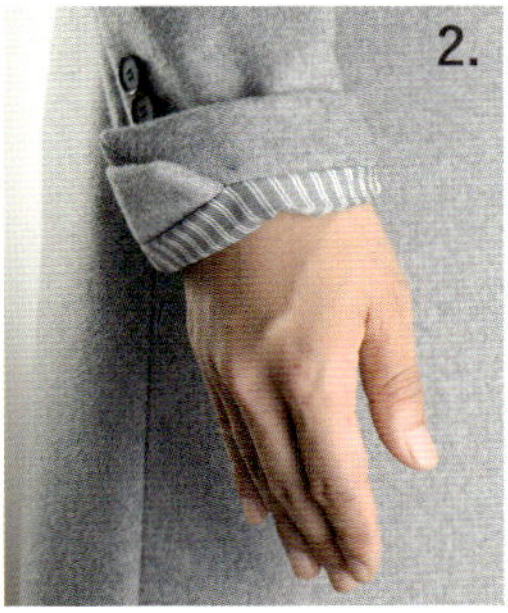

2. 親指の付け根が隠れず、かつ、ジャケット袖が見えない程度がコート袖の最適丈です。

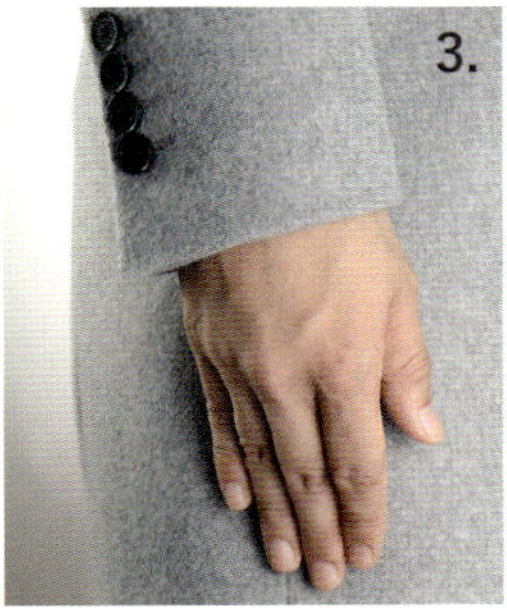

3. 長すぎる袖を詰め最適化したコート。

コート（著者私物）

ジャケパンとネクタイの組み合わせ方

ジャケパンのときはネクタイをするのか？　しないのか？　誰もが迷うところでしょう。

これは、ネクタイ・ノーネクタイ、どちらも正解です。ただし、**ネクタイの有無で合わせるパンツは変わります。**

ネクタイの先端を「剣先」と言うことからもわかるように、スーツは軍服をルーツとしています。

スーツジャケットの原型は、軍服を開襟にしたものです。

このルーツに立ち返って考えるならば、「スーツとネクタイ」は「軍服と剣」のごとくセットなのです。

そうなると、スラックスのジャケパンにはネクタイがほしいところです。

スーツに印象が近いからです。

とはいえ、スラックスのジャケパンでノーネクタイというパターンも成立します。

その場合は、ネクタイに変わるメリハリを胸元に作ることが重要です。秋冬ならば、カラフルなニットセーターを合わせることでメリハリになります。春夏ならば、ポケットチーフを入れることでメリハリが生まれます。

ともすれば、スラックス＋ノーネクタイというパターンはだらしのない、ぼやけた印象に見えてしまう危険性がありますが、小物をつかってメリハリをつくることで回避できます。

一方、チノのジャケパンはカジュアルに近いので、ノーネクタイであっても違和感がありません。

もちろん、そこであえてネクタイをしめることも可能です。

その場合、ゴワつきのあるチノパンに応じて、ウールタイやニットタイなどザラッとした表情のネクタイが合うでしょう。

column

秋冬こそユニクロを使いこなそう！

ジャケパンによく合うファインメリノウールニット（2990円）、ビジネスファッションに合わせるウールカシミヤチェスターコート（14990円）。

機能性下着ヒートテックのみならず、秋冬のユニクロ商品は価格に比べクオリティが高く重宝します。

店舗ではSサイズからになりますが、オンライン限定でXSサイズも用意されています。サイズも含め、そのバリエーションは想像以上に豊富です。

とくに、コートは着丈・袖丈のお直しを前提に、その工賃も含め予算を組んでみましょう。

また、一部店舗に限定されますが、お直しサービス「MYユニクロ」を活用すれば、コートの丈詰めも1週間程度で納品されます。

あるいは、チェーン展開しているお直し専門店「BIG MAMA」や「マジックミシン」にコートを持ち込むことも可能です。

ニット（ユニクロ）

ジャケットとシャツの間に挟むアイテムとしてちょうどいい薄手のニット。カラーバリエーションが豊富です。

第4章

クールビズはシンプルに着こなそう！

半袖シャツだけではない新時代のクールビズ

クールビズの定番ともいえるノーネクタイ・ノージャケット姿。シャツ・スラックスどちらか一方を明るくすることで夏の「清涼感」を演出。

シャツ・スラックス
（THE SUIT COMPANY）

今さら聞けない「クールビズってなに？」

「男性のスーツ姿が好き。キュンとくる！」

なんていう女性が、結構多いそうです。

ですが、彼女たちにいわせると、スーツ姿はとてもカッコよく決まっているのに、クールビズ姿になると残念な印象になり、幻滅してしまう人が、とても多いのだとか。

「クールビズ残念男」にならないためには、どうしたらいいのでしょうか？

まずは、クールビズについて知るところから始めましょう。

２００５年、それはクールビズ元年でした。

その年、私は英会話レッスンをセールスする仕事をしていましたが、環境省の施策にならい、ノーネクタイを実践していました。

とは言え、**当時のクールビズは、スーツ姿からネクタイとジャケットを外しただけというものでした。**

当時、通勤電車を見渡す限り、私も含め、そんなかっこうのビジネスマンだらけでした。

オフィスカジュアルという言葉も浸透しておらず、クールビズ用商品の扱いも限定的でした。ですから、**当時はスーツからネクタイとジャケットを差し引く「引き算の視点」が当たり前でした。**

ところが状況は変わります。

転機は2011年。スーパークールビズの導入です。

東日本大震災により節電ムードが高まり、「クールビズ期間の延長」と「許容アイテムの拡大」が打ち出されました。

この流れを汲み、翌年2012年から繊維メーカーの東レが「COOL AVENUE®」というクールビズ専用のラインナップを発表。アパレル4社と組み、先端繊維と呼ばれる付加価値をつけた化学繊維をビジネスファッションで展開し始めたのです。ほどなく、他社もこの流れに追随します。

選択肢が増えた結果、クールビズの定番は、次の3種類に増えました。

そのすべてに共通するのは「ノーネクタイが前提」ということです。

- **ノーネクタイのスーツ姿**
- **ノーネクタイのジャケパン姿**
- **ノーネクタイ・ノージャケットのシャツスラックス姿**

ノーネクタイのスーツ姿は、一部の企業に今も根づいています。

金融機関にお勤めの40代以上のビジネスマン、財閥系企業にお勤めのビジネスマン、また、これらの企業と取引ある会社の多くは、ノーネクタイのボタンダウンシャツにスーツ姿が定番です。

一方、同じ金融機関であっても、チノに合わせたジャケパンの若手もいらっしゃいます。業界を問わず、クールビズの幅が広がっている証拠です。

そして、私もノーネクタイのジャケパン姿を推しています。

主な理由は、ノーネクタイの手抜き感をゼロにしてくれるからです。
ネクタイとスーツはセットだからこそ、ネクタイがないことが目立ちます。しかし、ノーネクタイのジャケパンをうまく着こなせば、そのような手抜き感とは無縁でいられます。

言うならば、**ゼロから組み合わせを考える「足し算の視点」なのです。**

だからこそ、一般的なクールビズであるノーネクタイ・ノージャケットのシャツスラックス姿を選ぶならば、ジャケットのかわりにシャツもしくはスラックスを主役にすえたいところです。

全身の着合わせの中で主役をつくる、これが足し算の視点なのです。

ジャケパン姿のクールビズ。
先端繊維でできたバッグに
たためるサマージャケット
を合わせることで必要な時
のみジャケパンを演出可能。

スラックスに感じる清涼感

ジャケット（ユニクロ）、
スラックス（THE SUIT COMPANY）、
チーフ・シャツ・靴（著者私物）

ノーネクタイのいかし方

「ノーネクタイ＝だらしない」というイメージですが、そんなことはありません。

ネクタイの有無に応じてシャツを別物に変えれば、ノーネクタイ姿もエレガントに見えます。

たとえば、第一ボタンを開けることで「暑苦しく見えない」メリットをいかすことができます。ピョコッと浮いた襟先に気をつけさえすれば、だらしない印象には見えません。

「清潔感」は先端に宿ります。

ノーネクタイを魅力的に見せるための工夫として、まず思いつくのは、シャツをボタンダウンシャツにすることです。

実際のところ、ノーネクタイ姿をエレガントに見せられるシャツは、次の４種類になります。

・ボタンダウンカラー……ボタンで襟が固定されたシャツ
・イタリアンカラー……前立てを広くした襟立ちのよいシャツ
・ホリゾンタルカラー……襟の開きが180度のシャツ
・カッタウェイ……襟の開きが180度以上あるシャツ

共通点は、いずれも襟立ちが凛《りん》としていることです。必ずしもボタンがついている必要はありません。

ボタンがないタイプのシャツは、襟の開きが重要です。角度が広いシャツほど、第一ボタンを開けた時の襟立ちがきれいに見えます。

参考までに、別の種類のシャツも紹介しましょう。

・レギュラーカラー……襟の開きが90度のシャツ
・セミワイド……襟の開きが120～160度のシャツ

レギュラーカラーはネクタイをしめるときに映えるシャツであり、ノーネクタイ向きではありません。

セミワイドはネクタイでもノーネクタイでも、どちらも兼用できるシャツです。

このようにシャツ襟といっても、好みだけではなく用途によって使いどころが変わります。センスに頼らず用途でクールビズの見栄えが変わるという代表的な事例ではないでしょうか。

また、シャツ柄によってもその印象は変わります。

・ストライプ柄……ビジネスマンの印象
・ギンガムチェック柄……クリエイティブでカジュアルな印象

どちらが良いというわけではなく、演出したい印象で選ぶシャツ柄も変わるという事例です。ノージャケット前提ならば、カジュアルに寄せたギンガムチェック柄を選ぶことがあります。

シャツ（ユニクロ）

一辺あたりが６ミリ以上の柄が大きいギンガムチェックはクリエイティブな印象に見えます。

半袖シャツはアリかナシか

存在自体に賛否両論あるのが、半袖シャツです。

もともとヨーロッパでは、シャツはジャケットに合わせる下着という位置づけだったので、半袖という選択肢はありませんでした。

なぜなら、ジャケットの袖裏につく皮脂をガードするために、下着は長袖でなくてはならないからです。

一方、ハワイのアロハシャツや沖縄のかりゆしなどのように、シャツを1枚で着る地域では、半袖シャツはごくスタンダードなものです。

つまり、ジャケットに半袖シャツはNGですが、ノージャケットの半袖シャツは許容されるのです。

ただし、半袖シャツは学生時代の制服の印象が強いので、制服に見えないような工夫が必要です。

長袖シャツ袖をたくし上げることがポイントです。たくし上げることによって生じるちょっとしたシワ感が重要です。

シャツ（ユニクロ）

有効なのは「色」と「柄」です。

白ではなく柄の主張が強いシャツを選ぶことで、ビジネスシャツであるという印象を与えることができます。

しかし、**私は長袖シャツを推奨しています。**

クールビズなのに長袖シャツ？　と思われるかもしれませんが、**袖をたくし上げると、クールビズでも暑苦しく見えません。**

ポイントは「まくる」のではなく、あくまで「たくし上げる」ことです。

長袖の袖口を折り返すことで、七分袖に似た印象をつくり、ここからクシュクシュっと軽くたくし上げていきます。こうすることで、こなれ感が生まれるのです。

サマージャケットを取り入れよう！

「クールビズはノーネクタイ」というのはみんなの共通認識だと思いますが、ジャケットについてはどうでしょうか。

オフィス内ではノージャケットでも、取引先に会うときなどは、やはりジャケットを着ていたほうが印象が良いと思われます。

だから、**梅雨時期に折りたたみ傘をもつように、サマージャケットをバッグにしのばせておくことを私はすすめています。**

「折りたためるジャケット？」と不思議に思うかもしれませんが、先端繊維の発達により実現した、新時代のクールビズなのです。

スポーツウェアと同じようなポリエステル１００％でできたサマージャケットは、コンパクトにたたんでバッグに入れてもシワがつきません。

なおかつ、技術の発達によりジャケットに表情が出るため、ポリエステル特有の安っぽい外見には見えないのです。

百貨店やセレクトショップ、あるいはツープライススーツブランドのお店などで、2万円台くらいで買えます。

生地ブランドとしては、東レの「エバレット®」、小松精練の「クールドッツ®」が有名です。

次ページの写真はTHE SUIT COMPANYのサマージャケットです。生地は東レのエバレット®。デニム素材のような風合いをポリエステルで表現しています。

まったく同じ生地を複数のブランドが扱っています。これらのジャケットは一見同じに見えますが、型紙と値段が変わります。だからこそ、見た目のサイズ感やつけているボタンの色など雰囲気としては別物です。

デニムの風合いがプリントされた
先端繊維ポリエステル100％の
クールビズジャケパン。バッグに
たたんでもシワが付かない、まさ
に新時代のクールビズと言えます。

先端繊維のサマージャケット

ジャケット・スラックス
（THE SUIT COMPANY）、
シャツ（ユニクロ）、
チーフ（著者私物）

清涼感のあるスラックス選び

あなたは、ノージャケットで着るクールビズのスラックスとして、スーツスラックスを使いまわしていませんか？

もしそうしているのなら、第一印象で大きなソンをしているかもしれません。

ダークスーツは、上下セットの着用だからこそエレガントなのです。上下半身どちらか単品では、この印象は成立しません。

スーツスラックスとクールビズスラックス、どちらも同じくウール素材ではあります。

ところが、この両者は裾の仕上げが大きく違います。

フォーマルに近いスーツはシングル仕上げが基本ですが、クールビズなど、ややカジュアルに印象が寄る場合、ダブル仕上げが合います。

カジュアルなダブル仕上げが、ノージャケットの違和感を弱める効果を担っているためです。

また、スーツスラックスでは涼しげな色という選択はＮＧです。上下同じ生地で着たときに派手すぎるからです。

しかし、クールビズスラックスでは単品で着ることが前提のため、面積が限られるからこそ、華やかな色のスラックスを選べます。

色の力を利用して、清涼感を表現できるということです。

クールビズ専用スラックスの魅力はここにあります。

「もしこれが上下スーツだとしたら、明るくて派手すぎるな」と思えるくらいの色が正解なのです。

なお、素材は必ずしもウールに限りません。

クールビズのスラックスは、高級感より清涼感が求められます。

特に最近では、先端繊維としてポリエステルを活用したクールビズパンツが登場しているので、ぜひ検討してみてください。

これらの生地はシワに強いことが特徴です。

ウールよりも明るい色が多く、クールビズに向いています。

スーパークールビズとポロシャツの着こなし方

カジュアル度の高いスーパークールビズでは、ポロシャツ着用というケースも増えてきています。

ここで悩んでしまうのが、ポロシャツの裾をどうするかという問題でしょう。オフの日なら裾を外に出してラフな着こなしでもかまわないのですが、職場でその姿ではだらしなく見えてしまうかもしれません。

かといって、ポロシャツの裾をパンツに入れると、まるでゴルフをしている人のように見えてしまいます。

実は、ポロシャツをきれいに着こなすための勝負は、買ったときから決まっています。

ポロシャツ選びは、着丈で9割が決まります。

違和感なく裾を出すためには、短めの着丈でなくてはならないのです。

基準はベルトがちょうど隠れる程度。このくらいであれば、だらしなく見えません。もし、パンツのファスナーがすっぽり隠れるくらいの着丈になっているのなら、それはパンツイン専用のポロシャツです。

さて、ここでビジネスの場にふさわしいポロシャツを紹介したいと思います。「ビジポロ」と呼ばれているものです。

このアイテムは、鹿の子と呼ばれるポロシャツ特有の生地感を残しつつ、シャツの形をしています。

シャツ型だから、スラックスやチノパンにシャツインしても違和感がありません。ボタンダウン型も多く、襟先も安定します。

ただし、「透け感」については要注意です。

生地が柔らかく、シャツよりもサイズ感はピタッとしています。

そのため、困ったことに乳首が透けやすいのです。

せっかくのクールビズなのですから、爽やかに見える明るい色を選びたいところなのですが、初心者はネイビーなどのダーカラーがおすすめです（もし明るい色を選ぶなら、透けを防ぐためベージュの肌着を着ます。それでも透けることが

白いチノパンが映えるビジポロ

シャツ
(THE SUIT COMPANY)、
チノパン（ユニクロ）

ポロシャツで使われる鹿の子織りでできたシャツ。それがビジポロ。シャツ型だからこそポロシャツであってもパンツイン可能です。

あるので、試着の段階でチェックしましょう）。

ネイビーのビジポロを着る際には、白いチノパンと合わせるのがいいでしょう。

そして長袖であれば、袖をたくし上げてネイビー色の面積を減らしましょう。

この2つの工夫により、ビジポロを好印象に見せることができます。

ポロシャツとはいえ、シャツ型だからこそチノパン・スラックス、どちらのパンツでも合わせられます。

また、長袖のビジポロは袖をたくし上げ7分袖のシャツのように着こなします。

ポロシャツ・スラックス
（ユニクロ）

ネイビーポロシャツにグレースラックスを合わせたスーパークールビズ。全身を明るくみせるため、袖のたくし上げは必須です。

白チノパンで明るく着こなす

ポロシャツ・チノパン
（ユニクロ）

ダークネイビーの長袖ビジポロ。白のチノパンのみならず、気持ち明るいグレースラックスにも合わせられます。ダークカラーだからこそ暑苦しく見せないため、袖を７部くらいにたくし上げましょう。

ベルト（THE SUIT COMAPY）

レザーのメッシュベルト。
一枚革のベルトに比べ、光が反射しやすく、黒くても暗く見えません。

column

ベルトの選び方

ノージャケット姿の多いクールビズ期間は、ベルトが丸見えになることも多くなります。今こそ自分のベルトを見直すべき時です。

いま流行しているのが、伸縮性のあるメッシュタイプのベルトです。ダークカラーであっても、編み目の空間ができることで涼し気に見えるからです。

スラックスにはオールレザータイプが、またチノパンにはファブリックタイプが合います。同じ革でも一枚革よりメッシュタイプの方が涼し気に見えます。

絶対に避けたいのは、バックルの主張が強いベルトです。

ビジネスファッションでは40代以上のオジサンがつけている印象が強く、全身の服から受ける印象を崩してし

ベルト（THE SUIT COMAPY）

チノパンに合わせるメッシュベルト。繊維で編んでいるために色を表現しやすいことが特徴です。ネイビーのスエードローファーに合わせることで色を拾えます。

まいます。

ピンバックルと呼ばれる穴に通すタイプを選びましょう。このとき、ベルト穴は5個あるうちの真ん中に調整することがポイントです。

ツープライススーツブランドのお店で買えば、購入時にベルトを調整してくれるでしょう。

クールビズ突入を機に、あなたもベルトを新調してみてはいかがでしょうか。

また、絶対に避けるべきは靴色に合っていないベルトです。「10のチェックリスト」に書いたように、ベルトと靴の色が合っていなければ革小物の統一感が生まれません。

人の印象はアイテム単品ではなく全身で決まります。だからこそ、ブランド色が強いベルトは全身のバランスを調整することが難しいので、特にビジネスシーンでは選びません。ベルトは脇役と位置付けましょう。

カットソー・パンツ・ベルト（ユニクロ）、靴（著者私物）

化学繊維をメインとすることでヒラヒラなびくエレガントな印象に見えます。

column

素材へのこだわり

オフィスカジュアルの浸透は、男性以上に女性が進んでいます。

その差は「ドレスコード」への意識にあるのではないでしょうか。

平日はスーツ、週末はカジュアル、というように2つのドレスコードで生活する男性にくらべ、女性のドレスコードはもっと細かくわかれています。

女性は服によって相手に与える印象が異なるということを男性以上に理解しています。たとえば、ビジネスの場面で普段はノージャケットであったとしても、取引先に会う場面などではジャケットを羽織れるよう準備しているものです。

仮にノージャケットであっても、女性がだらしなく見えない秘密は「服の素材感」にあります。デザインはもちろんですが、多くの女性は素材をきちんと確認して購入しているのです。

ぜひ服の素材に目を向けてみましょう。ただ着るのではなく、今までとは違った発見があるはずです。

第5章

カジュアルフライデーで失敗しないアイテム選び

ジャケット・スラックス・
Tシャツ（ユニクロ）、
スニーカー・チーフ
（著者私物）

ビジネスファッションの多様化

感動パンツ・ジャケットのセットアップ。スポーツウエアと同様ポリエステルをつかったスポーティーなセットアップだからこそスニーカーに合わせやすいのです。

「カジュアルフライデー」を考える

2017年に伊藤忠商事が提唱した「脱スーツ・デー」。

それは、朝型勤務、健康経営につづく、働き方アクションとしての取り組みです。もちろん、カジュアルフライデーの服装規定は会社ごとに異なります。

伊藤忠の場合は、デニムやスニーカーも含め、許容の幅が広いことが特徴です。

ただし、**その目的はラフな格好をすることではなく、TPOを踏まえながら自分らしい装いをすることです。**

そして重要なのは、この流れは一過性のものではないということです。

2018年5月には、脱スーツ・デーを週2回（水・金）に増やすことが伊藤忠商事から発表されました。

また、スポーツ庁が推進する「スニーカー通勤」の本格スタートというニュースもあります。ビジネスファッションの変化はどんどん進んでいるのです。

もともとアメリカの企業文化として始まったと言われる「カジュアルフライデー」は、日本ではまずＩＴ業界から動きを見せ、今ではあらゆる会社に波及しています。

２０１７年６月、アメリカの大手金融機関ＪＰモルガン・チェース銀行は「ジーンズとスニーカーも〇Ｋ」という服装規定を導入して、世界に衝撃が走りました。

とはいえもちろん、スーツがなくなるわけではありません。

求められることは「相手に合わせ服を変えること」と「装いを自由に発想も柔軟に」という多様性です。

誤解されがちですが、**カジュアルフライデーの本質は「カジュアル化」ではなく「多様化」です。**

ＴＰＯに合わせてビジネスファッションを変える時代。

その振れ幅が、これからはもっと大きくなるということなのです。

この流れを受けるように、アパレル業界では商品展開のボーダーレス化が進んでいます。

ツープライススーツブランドでは、スニーカー通勤を想定した靴や、カジュアルフライデーに向けたジーンズやTシャツも扱っています。

カジュアル衣料のイメージが強いユニクロも、セミオーダースーツを意識したビジネスジャケットを2017年から扱い始めました。

衣料通販サイトZOZOTOWNを扱うZOZO（2018年10月1日より社名変更）も、採寸ガジェットを使ったカスタムオーダースーツ「ZOZOスーツ」を展開し始めました。

今後、各社からオン・オフ兼用を見越したアイテムが続々登場して、業界のボーダーレス化も進むのではないでしょうか。

シャツ・チノパン（ユニクロ）、
靴・ベルト
（THE SUIT COMPANY）

チノパンを使った夏のカジュアルフライデー。色合いを明るくすることで清涼感が漂います。

オフィスと週末の境界線

これまでのオフィスカジュアルといえば、ポロシャツやチノパンが定番のファッションアイテムでした。

ですが、これからはジーンズやスニーカーまで、そのアイテム数が拡大するということになります。

会社によっては、タートルネックやカットソーなど、襟がないインナーもOKかもしれません。とはいえ、ラフな格好をすることが目的でないことは、先ほど書いたとおりです。

「自分にはファッションセンスがないから、そんな世の中はかえって大変だ」と不安に思っている人も、いるかもしれません。

でも大丈夫。カジュアルビジネスに必要なのは、**「センス」ではなく、「着合わせ」のルールを知ることなのです。**

毛羽立ちのフランネルスーツにタートルネックを合わせるだけで、上品にくずすことができます。

一方で、ジーンズにネルシャツを合わせたスタイルは、どのような場合でもオフィスにふさわしくありません。

この違いは何なのでしょうか。

実は、カジュアルフライデーで求められるアイテムの領域は同じカジュアルであっても、「エレガントカジュアル」なのです。

それはつまり、**「ジャケットの形をした上着とカジュアルアイテムの融合」**と言い表すことができます。

したがって「エレガントカジュアル」を理解するには、ジャケットを理解することが重要です。

ビジネス用ジャケットと言われると、すぐにスーツジャケットを連想するでしょうが、そこにカジュアルジャケットも含まれるとなると、その幅は思った以上に広いものになります。

クールビズはオフィスカジュアルに含まれますが、ノージャケット・スラックスは日本特有のスタイルといえます。
シャツ・スラックス（ユニクロ）、ベルト（THE SUIT COMPANY）、靴（著者私物）

勘違いカジュアルには気をつけよう！

カジュアルフライデー導入に伴《ともな》って、服装規定をつくるアドバイスを企業から求められることがあります。

その際に、打ち合わせの段階で先方からあがる懸念は、主に2つです。

・カジュアルすぎる懸念
・ファッショナブルすぎる懸念

こうした懸念が起こるのも、もっともなことだと思います。

これはつまり、「ビジネス」と「カジュアル」の境界線を踏み越えられるのではないかという懸念です。

服装を規定する自分たちと、規定される若い社員たちとの間に、境界線に関する認識の食い違いがあるのではないかという不安だと言えるでしょう。

カジュアルフライデー導入には、許容内外アイテムの境界線をビジュアルで伝えることが大事です。

なぜなら、カジュアルの解釈が人によってバラバラなので、文字では伝わりづらいのです。

また、よくある事例として

「カットソーはOKで、Tシャツは NG」というルールがあります。

そもそもカットソーはTシャツも含め、襟がない服全般を指すことが多いため、この書き方では解釈を巡っての混乱が起こりがちです。

ファッション好きがおちいりがちな、ソックス問題というのもあります。

スエード型のローファーを履くときは、ファッションに明るい人ほど、タレントの石田純一さんのように素足履き風に見えるベリーショートソックスを選びたいところでしょう。

ですが、職場というシチュエーションでは、それは避けたほうがよいでしょう。

私は、白パン＆スエード靴ならば、ユニクロのクリーム色のソックスをおすすめしています。

ザックリした織りのおかげで、明るい色であっても中学生っぽくは見えません。


一方で、スポーツ庁が推進するスニーカー通勤の影響もあって、スニーカーは許容されています。

ですがスニーカーは、うっかりするとだらしなく見えてしまうことも、少なくありません。

スニーカーがだらしなく見えてしまう原因は、スニーカー自体のデザインではなく、合わせたパンツの丈のせいです。

ソックス（ユニクロ）

気持ちクリーム掛かった白ソックス。織りによって陰影ができることで白ソックスもおしゃれアイテムに昇華します。

チノパンもジーンズも綿素材ですから生地がゴワつきます。その生地がスニーカーにおおいかぶさることで、カジュアルすぎる印象に見えるのです。

注意すべきはスニーカーのボリューム感です。革靴に合わせたパンツ丈はスニーカーとは合いません。革靴に比べ、見た目以上にスニーカーはボリューミーだからです。

スニーカーのデザインはオフィスではくことを考えれば、革の白スニーカーがふさわしいでしょう。

また、革靴を連想させる黒色を選ぶならば、ニットフライをアッパーソールにすえたスニーカーがおすすめです。

これは強度が強い繊維を編み込んだ軽量感があるスニーカーです。ナイキで見かける機会が多いアイテムです。

カジュアルフライデーに着るべき服

カジュアルフライデーって、なんだか考えることが多くて、大変だと思っていませんか？

そんなあなたに、簡単な方法をお教えします。

「ジャケットとパンツの掛け算を軸に展開を考える」

どの企業でも当然、ジャケットは許容されるアイテムです。

ジャケットがしっかりしていれば、そこにジーンズやスニーカーを合わせても、親密感が生まれることはあってもだらしなくは見えません。

そのため、まずはジャケットの素材を見て、その季節感を確認しましょう。

・コットン混……春秋
・リネン混・先端繊維ポリエステル100%……夏
・ウール混……冬

ジャケットの種類はスーツのみではありません。

素材が変われば、使える季節と合わせられるインナーの種類も変わります。

たとえば、毛羽立ちのあるウール混ではタートルネックのようなウール素材のインナーが合わせられます。

また、コットン・リネン・先端繊維系ジャケットであれば、襟がないカットソーも選択肢に挙がります。


カットソーが許容される職場であれば、ジャケットに合わせるインナーとしてVネックではなく、丸首を推奨します。


Vネックでは、その深さが行きすぎるリスクがあるからです。

ボーダー柄や無地の丸首ならば、ジャケットを確実に着こなせます。

また、襟がないので襟先のヨレから生まれる生活感を気にする必要がありません。

一方で、シャツ着用が義務づけられる職場であれば、ボタンダウンシャツをシャツインで着るのが適切です。

このとき、シャツに柄物を選ぶならば、ストライプ柄よりギンガムチェック柄がおすすめ。カジュアルながらもカワイイ印象に近づきます。

足元は白スニーカーもしくはスエードの靴を選びます。

ウールスラックスではないのですから、革靴ではアイテム同士の着合わせが合いません。

ただし、カジュアルの革靴はＯＫです。革靴にはスーツ用とカジュアル用があるのです。


１３０ページの写真の上下は、ユニクロで「感動ジャケット・感動パンツ」という名で売っているアイテムです。

この２つを合わるだけで、セットアップの基礎が成立します。

この場合、明るさを演出するために、シワは気にせずジャケット袖をたくし上げます。

加えて、上下がダークカラーで印象が暗くなることを避けるために、ポケットチーフでメリハリを効かせました。

左の、バーカウンターに座っている写真は、第3章で登場したユニクロのコンフォートジャケット（綿32％・ポリエステル68％）にボーダーのカットソーを合わせたスタイルです。

ジャケットの色と素材を変えると、スニーカーやインナーの柄が同じであっても、全体の印象は変わります。

ジャケット・カットソー・チノパン（ユニクロ）、スニーカー・ブートニエール（著者私物）

ジャケットに襟がない服を合わせるときはVネックよりクルーネック（丸首）がお薦め。週末服であればVネックでかまいません。

ネクタイをどう合わせるか

ネクタイの活躍の場は、ビジネスシーンだけではありません。
チノパンに合わせるザラッとした秋冬のウールタイや、春夏のニットタイなど、カジュアルの場でネクタイを用いるケースもありえます。

スーツのようなフォーマルアイテムをカジュアル方面に向かってくずすことを「ドレスダウン」と言います。

逆に、スニーカー、ジーンズといったカジュアルアイテムをフォーマル方面に向かって整えることを「カジュアルアップ」と言います。

私は、この2つの考え方に、カジュアルフライデーへの答えがひそんでいると考えます。

そして、ジーンズとスニーカーにネクタイをしめる、言ってみれば「シリコン

ジーンズにシャツインしたジャケットスタイル。写真のようにネクタイを付けるならば、ニットネクタイ・ウールネクタイのようにザックリとしたカジュアルタイプを合わせます。

ジャケット・シャツ・ジーンズ（ユニクロ）、
ニットタイ・ブートニエール・ネクタイピン・スニーカー（著者私物）

バレー式ジャケパン」が、まさにカジュアルアップの典型例なのです。

シリコンバレー式と私が呼んでいるスタイルは、ネクタイの有無に関わらず、ジーンズにシャツインしたジャケットスタイル全般です。

その昔、ゴールドラッシュ時代にアメリカで開発された作業着だったジーンズは、本来シャツインするアイテムではないと考えられています。

ですが、ジーンズ発祥のアメリカではよく見かけるスタイルです。

このシリコンバレー式にカジュアルネクタイをしめることで、カジュアルながらもカチッと見せるスタイルを、私は推奨しています。

ベージュ色のような、スーツやジャケパンでは成立が難しいジャケットも、ジーンズに合わせることでなじみます。

また、下半身がカジュアルだからキザには見えません。

つまり、カジュアルフライデーはジャケットのバリエーションを広げてくれるのです。

カジュアルのアイテム同士なので、ネクタイをしめても堅くなりすぎることはありません。

気をつけたいポイントは、ピタッとしたストレッチジーンズと合わせることです。色落ちしたちょっと太いジーンズでは、やぼったく見えてしまいます。くずしすぎない上品なカジュアル。それが、カジュアルフライデーが目指すべき方向であるといえるでしょう。

靴（THE SUIT COMPANY）

レザーとファブリックをコンビネーションした革靴。ザラッとした質感も含まれるからこそ、チノパンに合わせられます。

靴（THE SUIT COMPANY）

スエードローファー。チノパンに合わせる春夏靴です。

普段づかいのカバンを変えてみる

旧来のビジネスファッションにおけるカバンは、かなり限定されていました。
ビジネスブリーフと呼ばれる横型のバッグがそれです。
ではカジュアルフライデーの場合、どんなカバンが合うのでしょうか。

カバンは服に合わせることが基本です。
カジュアル志向ではあっても通勤を前提に考えるのであれば、私は次の2種類のカバンを提案しています。

・黒&茶を除くビジネスブリーフ
・スエードも含むレザー素材のビジネストート

両者に共通するポイントは、どちらも手持ちであることです。
もし、あなたが普段カバンに肩ひもをつけているなら、肩ひもを外して手持ちに変えましょう。

また、黒・茶といった色のビジネスブリーフはスーツの印象が強いため、カジュアルフライデーには合わせづらいです。
もし、機能などの理由でビジネスブリーフを選びたいのであれば、**ネイビー・グレージュ色を私はおすすめしています。**

この色ならば、スーツ・オフィスカジュアル・カジュア

バッグ（著者私物）

カジュアルフライデーや週末につかえるスエード素材のビジネストート。黒・茶よりベージュ・グレージュなど明るめを選びます。

ルフライデー、いずれの服装にもなじんでくれるでしょう。

この場合、素材はレザーが基本ですが、ネイビー色ならナイロンボディというコンビネーションもＯＫです。

一方、カジュアルフライデーに向けてカバンを新調するならば、レザー系のビジネストートバッグもおすすめです。

このようなバッグはスラックスのジャケパンには合わせづらいですが、カジュアルフライデーのみならず、週末カジュアルにも合わせられます。

１５１ページの写真のバッグはパッと見たとき、女性物に見えるかもしれませんが、実際には数年前にＳＨＩＰＳで購入したメンズ商品です。

昨今、男女兼用でつかえるデザインのバッグが増えました。

これらはスーツに合わせることは厳しいですが、カジュアルフライデーやチノを前提にしたジャケパンにはよく合います。

手持ちのアイテムを整理する

ここまで読んでいただき、ありがとうございます。

本書ではいろいろなアイテムを具体的に紹介しております。

それを読んで、さっそく買いに行こうと思ってくださった人も、きっといらっしゃるでしょう。

ですが、ちょっと待ってください。

必要なアイテムを買いに行く前にやるべきことがあります。

それは、手持ちのアイテムを「整理」することです。

「整頓」と「整理」は違います。

「整理」の手順としては、

・個々の素材を確認して、季節ごとに使えるアイテムを分類すること。

・そのアイテムの組み合わせ方を理解すること。

たとえば、リネンシャツがあったとします。

これは、季節としては「夏のアイテム」という分類になります。

次に組み合わせ方について。

実はリネンシャツは、１枚で着るアイテムという扱いになります。

シワがつきやすい麻素材にジャケットを合わせると、ジャケットのパリッとした印象にシャツが負けてしまい、くたびれた印象に見えるからです。

こんな具合に、持っている服を「季節」と「可能な組み合わせ」の２つの基準に照らし合わせて、どんどん整理していくのです。

本書では、各アイテムの着合わせについて解説してきました。

チノパンに合わせる靴やノーネクタイ専用シャツの襟型など、これまで意図せずに着ていた服のレシピもお伝えしました。

まずは、クローゼットを確認して、手持ちアイテムを「整理」してみてください。

極端な話、シャツを5枚持っていたとしても、素材・襟型から、カジュアルフライデーに該当するタイプは1枚もなかった、などということもありえます。

私はアイテム主義ではなく、全身主義です。

服を、アイテム単品ではなく**全身のトータルコーディネートで考える**ようにしています。

このように考えることで、結局は無駄な買い物を減らすこともできるのです。

おわりに

私は子どものころから、自分の意見・気持ちを言葉にして伝えることが他の人より苦手でした。

伝えたいことが理解されないフラストレーションを感じながらも、それに妥協しながら生きてきました。

こういう経験を嫌というほどしてきた結果、非言語コミュニケーションの手段として「服を変えること」にたどりつきました。

そして服のコンサルタントして、対人関係を良好にするという道を追求するに至ったのです。

この本はファッション誌のような流行のアイテムを紹介する内容ではなく、多様化したビジネスシーンに合う定番コーディネートを具体的に学ぶガイドになります。

この内容を実践いただき、あなたの経験や気づきを加えることができれば、さらに人生は大きく動くことでしょう。

もし、あなたがもっとビジネスファッションを磨きたいならば、一般社団法人服のコンサルンタント協会の認定資格「フィッティング・ソムリエ講座」をおたずねください。

読者の皆様のファッションの糧とならんことを祈って。

2018年8月　森井良行

フィッティング・ソムリエ認定証

CERTIFICATE

This certifies that

has successfully completed
the training program for the
fitting Sommelier "casual"

（一社）服のコンサルタント協会が認定するパーソナルスタイリスト資格
フィッティング・ソムリエ（週末服）の課程を修了したことを証します。

DATE

Yoshiyuki Morii
SIGNATURE

一般社団法人 服のコンサルタント協会

一般社団法人
服のコンサルタント協会

モデル
上野和真　町村かな

撮影
西邑泰和　永友ヒロミ

撮影アシスタント
五十嵐麻美

ヘアメイク
西田聡子

衣装
森井良行　山﨑剛

撮影協力
ZERO-ONE SONIC PRODUCTION 株式会社
CROWN BEATS
汐留シオサイト５区イタリア街
Trattoria CIAO Tokyo

カバー
金澤浩二

本文デザイン
石井香里

DTP
小野悟一

編集協力
松原大輔

校正
西谷有人

衣装協力
株式会社ユニクロ

ザ・スーツカンパニー銀座本店
〒104-0061　東京都中央区銀座 4-2-15　1-2F
TEL 03-3562-7637

※本書に掲載されているメーカー、ブランド、商品の情報、値段は参考商品としての紹介となります。また、2018年7月下旬の情報のため、各メーカー、店舗にて取り扱いがあるとは限りません。

森井良行（もりい・よしゆき）
一般社団法人「服のコンサルタント協会」代表理事。パーソナルスタイリスト。
プロの目線で、「ユニクロも上手に活かす！」をモットーとして、大人の服装術「エレカジ」（エレガントカジュアル）を提唱。延べ4000人以上のビジネスマンの買い物にマンツーマンで同行してきた。著書に『ファッションスキルは大人の「教養」』（PHP研究所刊）、『デキ男なビジネスマンはなぜか茶色を着ない（徳間書店刊）』がある。日々リサーチしているアイテム事例を公式ブログで更新中。アメブロで「誰も教えてくれなかった男の『私服』完全マニュアル」も連載。東洋経済オンラインにも連載中。
一般社団法人「服のコンサルタント協会」を設立。2018年度より、日本初となる認定資格講座「フィッティング・ソムリエ」を実施することで、個人コーディネートの大切さを広く普及するため尽力。

ブログ　http://www.elegant-casual.com/bloglist/
HP　https://wear-consulting.or.jp/

毎朝、迷わない！
ユニクロ&ツープライススーツの
上手な使い方

2018年9月13日　第1版第1刷発行

著　者　森井良行
発行者　玉越直人
発行所　ＷＡＶＥ出版
〒102-0074　東京都千代田区九段南3-9-12
TEL 03-3261-3713　FAX 03-3261-3823
振替 00100-7-366376
E-mail: info@wave-publishers.co.jp
http://www.wave-publishers.co.jp
印刷・製本　シナノ・パブリッシングプレス

NDC914　159p　19㎝
ISBN978-4-86621-168-8